Guía para la Venta Directa

Iván Torres Sánchez

ISBN: 978-1507768686

TABLA DE CONTENIDOS

Introducción a las Ventas Directas

Entre los mayores mercados de ventas directas del mundo están el de Brasil, Japón y Estados Unidos. Los datos oficiales indican que 1,1 millones de personas trabajan vendiendo los más variados productos en el mercado brasileño y este número podría aumentar a cuatro millones, debido a la informalidad del mercado.

En cuanto a los números de arriba podemos ver que se trata de un segmento atractivo para millones de personas en busca de un ingreso extra, una manera de mantener a su familia e incluso su realización profesional completa, huyendo de los puestos de trabajo tradicionales, que además de ser más difíciles de conseguir, tienden a requerir una cantidad de tiempo y dedicación que muchas personas no pueden permitirse.

Además, en la venta directa existen fantásticas oportunidades de altos ingresos mensuales, un hecho que en sí mismo es ya un atractivo importante. Por supuesto, sólo una parte de la enorme cantidad de gente que trabaja en este mercado logra ganar tanto dinero. Ahora bien, trabajando duro, mejorando y entrenando, usted puede llegar a desarrollar todo su potencial y alcanzar una gran cuota de ingresos.

El objetivo de este libro es mostrarle las características, creencias y comportamientos de los vendedores con éxito, por lo que en las siguientes páginas usted encontrará la información necesaria para aumentar sus ingresos y convertirse en un vendedor muy persuasivo, optimizando su tiempo y diseñando su futuro de una manera más optimista.

Soñando con los Objetivos

"Los sueños tienen su precio. Hay sueños caros y baratos, pero todo el mundo tiene un precio". Paulo Coelho

¿Aceptaría un trabajo sin saber cuánto va a ganar al mes? Es algo muy difícil de plantearse, porque usted puede conseguir cualquier valor y no tendría ni tan siquiera derecho a reclamar o quejarse.

Ahora, ¿cuánto quiere usted obtener de ingresos mensuales trabajando en venta directa? Es posible que desee ser de los que ganan diez mil dólares al mes. Tal vez puede quedar satisfecho con un suplemento sobre sus ingresos mensuales del orden de cien dólares. Esta respuesta depende de cada persona, sus sueños e intereses personales.

Lo que realmente preocupa es el hecho de que la mayoría de la gente no tiene respuesta a esta pregunta. No saben cuánto quieren ganar, cuánto pueden ganar y, en algunos casos, ni siquiera cuanto han ganado hasta la fecha. Y aquí nos encontramos con la primera característica que los vendedores con éxito utilizan en este segmento: ***"Para tener éxito en la venta directa debe definir claramente sus objetivos financieros".***

A diferencia de los empleos convencionales aquí usted mismo es quien estipula sus ingresos. No hay guerras para solicitar aumentos o el problema de no ser valorados en el momento de la promoción. En esta actividad su ingreso depende básicamente de su esfuerzo, compromiso y dedicación a sus propios objetivos. ¿Le gusta? ¿Qué le parece concederse un aumento de sueldo?

Obviamente, para establecer valores realmente posibles de ser obtenidos, se deben tener en cuenta los factores externos, como el tipo de producto que se vende, y también personales, como el tiempo disponible para la venta, de lo contrario puede desilusionarse y renunciar a sus sueños.

ESTABLECER LAS METAS FINANCIERAS

¿Cuánto quiere ganar? Aquí su imaginación y sus sueños pueden volar libre, ahora que un poco de cautela puede ayudar. Una ganancia de nueve mil dolares por mes, por ejemplo, es más fácil de obtener en otras actividades. Por supuesto estamos hablando de vendedores, pero hay varios casos donde ellos son a la vez los directores de la empresa filial e incluso los propietarios, porque después de todo llegan a conocer todos los entresijos del sector.

Como partida debe pensar en un valor que realmente le motive, que le permita pensar en comprar algo muy importante o incluso tener un nivel de vida diferente del que ya tiene, en definitiva, alcanzar algún un sueño.

Si el valor que usted piensa conseguir no hace que, al menos, una sonrisa aparezca en su rostro, cámbielo, porque no va a ser algo que en realidad le va a motivar a seguir y trabajar. En resumen, piense en algo que realmente valga la pena.

Elegido el valor rellene la línea de abajo, con su nombre y el valor que usted ha elegido.

Yo... *voy*
a ganar.................... mensuales en ventas directas.

Un vez hecho esto pregúntese lo siguiente: ¿piensa que puede alcanzar este valor? Su creencia es muy importante, tiene que creer es posible. Si tiene dudas pregunte a la compañía con la que usted trabaja como es el desempeño de su mejor vendedor o, incluso, a cuanto corresponden sus ingresos mensuales. Este valor no debe ser considerado como el máximo posible (recuerde que todo record está a la espera de que alguien lo supere), más le puede dar una buena información sobre la que basarse.

Si este valor está muy por debajo de lo que desea alcanzar esto sólo debería ser un indicador para que usted pueda pensar en hacer cosas diferentes, que amplíen sus horizontes de posibilidades de ganancias. Ahora bien, si es mucho más grande que lo que ha había pensado para usted, observe cuánto progreso todavía es posible.

"Todo vendedor, para tener éxito, debe fijarse en sus colegas con el mejor rendimiento, aprender de ellos y tratar de llegar a ellos o incluso superarlos. En el proceso de venta directa es lo mismo".

En este punto, usted todavía puede tener alguna pregunta si desea ser un vendedor destacado de alto rendimiento y resultados. Si esto realmente es su objetivo, este libro le ayudará, y siempre recuerde que: "Tener éxito es conseguir lo que se quiere."

Y en este caso es aún más fácil porque usted determina su grado de éxito.

El primer paso ya está dado. Estableciendo cuanto quiere ganar ya ha definido hasta donde quiere llegar. Como lograr alcanzar sus objetivos será tratado en los siguientes capítulos.

EL COMPROMISO Y LA FLEXIBILIDAD

"La mayoría de las personas fracasan en sus sueños no por falta de capacidad sino por falta de compromiso con lo que quieren." Zig Ziglar

Una vez fijadas sus metas financieras y con la certeza de que se pueden lograr, ahora es el momento de saber qué tan lejos está dispuesto a ir para conseguirlo, o mejor, si realmente quiere pagar el precio del éxito.

Estar comprometido con un objetivo es hacer todo lo que hay que hacer para que se logre, es estar preparado para los buenos tiempos o las tormentas, es seguir adelante en busca de algo más importante que un puerto refugio, un puerto deseado.

Tenga en cuenta que en su viaje la rosa de los vientos siempre tendrá cuatro puntos: Compromiso, Flexibilidad, Acción y Resultados.

El compromiso garantiza la persistencia necesaria frente a los obstáculos, la flexibilidad será clave para que actúe y busque siempre soluciones a las dificultades pero todo esto no tiene sentido sin un resultado a ser perseguido.

Este es el segundo punto de los vendedores con éxito: *"El compromiso con sus objetivos de ganancias y la flexibilidad para satisfacerlos son los cimientos del éxito en la venta directa."*

Conociendo la importancia de esto, haga un compromiso ahora, consigo mismo y persiga sus metas con determinación y con optimismo, sólo así puede ganar. Estos dos puntos son tan importantes que nos referiremos a ellos en varios capítulos. En este punto, es posible que aún tenga miedo de comprometerse y luego sentirse decepcionado. En caso de que esto sea verdad este tranquilo, a partir de ahora iremos paso a paso tratando lo que debe hacer para alcanzar su meta de ingresos mensuales.

Las Relaciones

"Un buen vendedor sin tener gente a la que vender es como un ordenador desconectado de la red eléctrica, nunca será posible aprovechar todo su potencial." Getúlio Barnasque

Para lograr su objetivo es fundamental tener acceso a un número suficiente de personas que le permita alcanzar las ganancias que usted mismo ha estipulado. Todo vendedor que obtiene resultados en este segmento tiene la posibilidad de ampliar su círculo de relaciones.

No se puede simplemente ser un buen vendedor, porque aquí, además de la venta, usted necesita formar su propia red de clientes.

Si usted tiene facilidad para conocer gente nueva está en el buen camino pero tenga cuidado de convertirse en prisionero de su área de conocidos, amigos y familiares. Si cree que su círculo de relaciones es ya lo suficientemente grande, puede saltarse este capítulo. Sólo que nunca sabrá los consejos que damos a los que tienen que mejorar este aspecto, que quieren superar sus limitaciones y dar rienda suelta a su potencial.

Aquí le enseñaremos cómo expandir sus horizontes de relaciones y vencer un síndrome real que se abate sobre algunos proveedores de esta industria.

EL SÍNDROME DE FALTA DE CLIENTES. EL SFC

Una característica muy importante de este mercado es lo que hemos denominado el Síndrome de Falta de Clientes. Este síndrome ocurre cuando las personas no entrenadas en ventas directas y sin saber que deben ampliar continuamente sus relaciones entran en este mercado para vender a las personas más cercanas, familia, amigos, compañeros de trabajo... y venden. Facturan en los dos o tres primeros meses cifras aún más grandes que las que se comprometieron a alcanzar y luego se encuentran de golpe con la siguiente pregunta: ¿a quien vendo ahora?

Agotan su círculo de relaciones y no pueden, por diversas razones, ampliar el círculo con el fin de asegurar su volumen de ventas.

Esto puede acabar con toda la motivación inicial, frustrando las expectativas de resultado e incluso hacer que se de por vencido; a menos que su objetivo sea vender sólo a los conocidos, hacer algo de dinero y dejar de vender.

Ahora, si su sueño es más grande o necesita un ingreso extra para cerrar su presupuesto mensual prepárese para tener que ampliar su círculo de clientes potenciales. Aquí es necesario ser profesional.

"Para ser profesional en este negocio tiene que superar los límites de la timidez, definir quién puede ser su cliente y salir a luchar. Sin miedos, temores y preferiblemente de buen ánimo".

Hablar de profesionalidad en la venta directa puede ser extraño, la mayoría de los vendedores considera su trabajo sólo algo temporal y con frecuencia dejan de vender lo antes posible en búsqueda de trabajos tradicionales. Afortunadamente, hay personas que trabajan con éxito para alcanzar sus metas y sólo cambian al mercado de trabajo formal bajo excelentes propuestas. Estos son capaces de percibir las ventajas de este sistema. Ventajas como:

Horario muy flexible

Usted mismo determina su horario de trabajo y el número de horas que tiene la intención de trabajar por día.

El rendimiento depende directamente de su esfuerzo y productividad

Como ya hemos citado, si usted trabaja más va a tener una mayor productividad; no va a ganar lo mismo su colega de al lado si es un holgazán, por lo que esta es una manera más justa de remuneración.

Nada de cobros

Debido a la relación diferente de los vendedores con las empresas para las que ellos revenden productos, el lema es motivar y no cobrar. Tanto es así que las empresas trabajan, normalmente, sin cuotas mínimas de ventas y ofrecen programas de premios, formación y muchas conferencias para mantener al personal motivado.

El profesional de éxito en la venta directa supera el SFC y amplia su círculo de relaciones de forma continua, y mantiene e incluso aumenta su volumen de ventas. "Si quiere ser mediocre haga lo de todo el mundo, si quiere destacarse haga como los campeones."

VENCIENDO EL SFC

La primera manera de vencer el SFC es vender varias veces a los mismos clientes.

Esto se hace de varias maneras. Una es vender buenos productos y de consumo rápido, los cuales harán que sus clientes quieran comprar de forma mensual o como máximo cada dos meses. Otra es la de trabajar con muchas empresas y vender varias cosas al mismo cliente, en este caso, lo importante es tener siempre algo nuevo. La tercera opción es trabajar con empresas del sector que garanticen un lanzamiento continuo de nuevos productos, haciendo posible la venta casi todos los meses a los mismos clientes.

Esta forma no debe ser utilizada sola porque limita en gran medida su potencial para obtener resultados financieros y puede hacer que usted se conforme con poco.

La segunda manera de vencer el SFC es aumentar, de alguna manera, su círculo de relaciones.

Para ello vamos, de nuevo, a basarnos en los vendedores con éxito. ***"Les gusta conocer gente nueva o aprenden a que les guste."***

-Les gustan los desafíos.

-Definen sus clientes potenciales y crean formas de llegar a ellos.

-Tienen compromiso total con su plan de acción.

-Mantienen los clientes ya conquistados.

Conocer a gente nueva

Si no le gusta conocer gente nueva o es tímido piense en el ejemplo de la historia que se cuenta en el libro Más allá de la cima de Zig Ziglar, famoso escritor y orador multimillonario. Él comenzó su exitosa carrera vendiendo utensilios de cocina y ¿sabe cómo lo hacía? Preparando comidas para grupos de personas en sus propios hogares. En el momento en que comenzó a tener éxito contrató a una persona para atender las llamadas telefónicas y también para ayudarle a preparar las comidas.

Esta persona era una mujer muy tímida y aceptó el trabajo, pero dijo que prefería renunciar a tener que ir a la casa de personas extrañas. Estuvo de acuerdo con las condiciones, hasta el día en que hubo un problema. Aunque había programado varias cenas para la noche surgieron otros clientes imprevistos y él, como todo buen vendedor, no quería perder la venta y programó más. Hecho esto se desesperó, ¿cómo cumplir con tantos compromisos? Después de pensar en varias alternativas sólo quedaba una posible: pedirle ayuda a su secretaria, con la que que por cierto ya había alcanzado una relación de amistad.

En el momento en que él le dijo lo que tenía que hacer ella se quedo muda, pálida y le dijo: - Va a hacerme vivir la peor noche de mi vida pero ya que no tenemos opción le ayudaré, sólo que sepa que si hay una próxima vez voy a dejarle quedar mal y sin ningún remordimiento.

Estuvo de acuerdo con ella, sintiéndose mal por haberla puesto en aquella situación y pensó que ella querría matarlo a la mañana siguiente. Al día siguiente él la saludó con cierto recelo y le preguntó que tal le había ido la noche anterior. Para su asombro comenzó con entusiasmo: "No te puedes imaginar lo que me divertí. La primera familia que visité me recibió muy bien, con galletas y café. Ellos me pusieron por las nubes, elogiaron mi trabajo y me dijeron que era una verdadera profesional, incluso me invitaron a volver allí. Tres de las seis familias tenían delicias preparadas por mí y todos me alabaron." Y concluyó: "No recuerdo haberme divertido tanto. Será un placer hacer esto siempre que lo necesites."

Cinco años más tarde esa persona "tímida" era vicepresidenta internacional encargada de la formación en una empresa de cosméticos que factura millones de dólares.

Usted puede pensar que ella tuvo la suerte de encontrar gente receptiva al principio. Tiene razón, pero el hecho es que ella aprovechó este estímulo inicial y siguió adelante, superó su inhibición y obtuvo resultados. Aprendió que la gente colabora con aquellos que se esfuerzan por merecerlo. Y usted ¿qué está esperando?

Los Desafíos

En las ventas directas los desafíos son grandes, cada día tenemos que esforzarnos y buscar nuestro resultado. Durante una formación para los vendedores de una empresa que vende perfumes escuchamos varias quejas acerca de lo difícil que era alcanzar los objetivos establecidos y todo tipo de cosas por el estilo. Así que propusimos un reto. Les pedimos que eligieran su perfume favorito de la línea de perfumes y pasaran por la tienda y cogieran una botella del mismo. Hecho esto, se les dijo que tendrían media hora para salir a la calle, en un exclusivo barrio de la capital, y vender ese producto. La venta debería ser a la vista y a un completo desconocido. Muchos entraron en pánico mientras que otros estaban entusiasmados e incluso pidieron más de un producto para vender.

Si no se ha dado cuenta, la venta propuesta es una de las más difíciles. El tiempo es limitado, el cliente no puede elegir el producto, no tiene plazos pagar, no tienen ningún interés anterior y es probablemente desconocido para el vendedor. Como resultado, todos los asistentes a esta clase vendieron su perfume, la mitad vendieron dos y algunos anotaron pedidos para entregar más tarde. Aún mejor, todos ganaron la comisión. A partir de entonces nos pidieron vender en todos los intervalos pues les ayudaban a cumplir con los objetivos, ganar dinero y al mismo tiempo ejercitar las técnicas de venta que estábamos estudiando.

Debido a los buenos resultados comenzamos a utilizar este ejercicio siempre que era posible y los números fueron similares. En promedio, el cuarenta por ciento vende más de un producto, el cincuenta por ciento vende un producto y sólo el diez por ciento son incapaces de vender.

Y usted ¿sabe quienes están vendiendo más de uno? Son aquellos que están entusiasmados por la idea de superación, encaran este ejercicio como una oportunidad de mejorarse a sí mismos, mejorar su rendimiento y, además, divertirse en el proceso. ¿Esto le parece un reto? Inténtelo usted mismo y observe los resultados.

Si usted no tiene a quien vender busque un lugar con una gran cantidad de personas y venda a cualquiera.

La única queja con este método es que, obviamente, aumenta el número de pérdidas de ventas, es decir, obtendrá más "no" pero a cambio también aumentará sus resultados, que es su compromiso real.

CLIENTES POTENCIALES Y LA FORMA DE SATISFACERLOS

El tipo de cliente depende básicamente del tipo de producto que se trabaja. Debido a esto, establezca los lugares y las personas a las que se puede vender y haga una lista. Comience con las personas y los lugares más próximos, pero ampliando sus límites. Busque en listines telefónicos, establecimientos comerciales donde pueda ir, hable con amigos y pida indicaciones hasta crear una lista inicial de al menos un centenar de lugares y / o personas.

Hecho esto considere qué medidas tomar para darse a conocer y promover los productos que vende. Entregar catálogos, distribuir muestras, organizar reuniones, crear alianzas, promover tes, cenas, sesiones de trabajo, enviar correos, etc. Aquí el número de posibilidades sólo depende de su creatividad, determinación y flexibilidad.

Ahora bien todo este esfuerzo se pierde a menos que tome acción. Establezca un plan diario o semanal de actividades y visitas (plan de acción), teniendo en cuenta que estas visitas le deben permitir tener un ingreso a final de mes de acuerdo con sus objetivos.

Si usted se esfuerza, se esfuerza en serio y no obtiene resultados, cambie su estrategia de acción. Esto es flexibilidad. *"Si hace lo de siempre, siempre obtendrá los mismos resultados."*

COMPROMETIDO CON SU PLAN DE ACCIÓN

En los planes de formación se hace que las personas establezcan planes de acción semanales. En estos planes se definen todas las actividades, visitas, llamadas telefónicas y también la cantidad de tiempo diario que va a utilizar en su trabajo. Recuerde que usted es su propio jefe, por lo que es usted quien define sus tareas y, lo más importante, cuando se van a ejecutar.

Muchos vendedores siguen su plan de acción, los demás siempre tienen una excusa. Las excusas son generalmente: Ayer llovió mucho. No tenía a nadie a quien dejarle a mis hijos. Mi tío me visitó. Estoy reformando la casa. No tuve tiempo. Tuve que hacer otras cosas.

En estos casos lo que debe pensar es esto: Si tuviera un trabajo convencional ¿dejaría de ir porque llovió? ¿No organizaría todo para que alguien cuidara de sus hijos? ¿Dejaría de trabajar porque su casa está siendo reformada? ¿Le perdonaría su superior?

Para tener éxito debe hacer lo necesario y actuar PROFESIONALMENTE. Recuerde que su plan de acción es la manera que usted creó para tener sus ingresos garantizados, no estar comprometido con el mismo puede hacer que fracase. Siempre recordando que el fracaso aquí es no alcanzar su meta financiera, su rendimiento siempre funciona mejor cuando tiene metas y trabaja con los planes de acción. Esto significa que incluso sin un compromiso total usted ganará más de lo que ganaba antes, imagine si está comprometido.

MANTENER A LOS CLIENTES LOGRADOS

Si hace buenos planes de acción, está comprometido, es atrevido y sale a luchar tiene grandes posibilidades. Sólo que si usted se olvida de prestar atención a los clientes a los que ya vendió tendrá que trabajar siempre el doble.

Esto es muy fácil de entender. Su facturación depende de la cantidad de productos que usted vende, si usted no tiene una base de clientes frecuentes tendrá que ir cada mes detrás de nuevos, lo que puede ser un problema, o como mínimo le dará mucho más trabajo.

Los vendedores exitosos llaman a sus clientes para saber si están satisfechos con los productos adquiridos, tratan de presentarles las novedades y siempre los ayudan con el fin de proporcionarles lo que ellos desean. También dejan su teléfono o dirección de contacto, ya que en este mercado los productos por lo general no están expuestos en las tiendas, por lo que es difícil para los consumidores hacer la compra. Es muy común entre la gente el deseo de comprar algo y por no tener que buscar un vendedor o un lugar para comprar, terminar renunciando o haciendo la compra en la competencia.

Algunas empresas ponen teléfonos gratis para que los clientes llamen, pero ¿quién dice que la venta se hará por usted?

Es muy importante mantener a sus clientes. Una de las mejores estrategias es tener una lista con el nombre y la dirección de cada persona a la que usted vendió. Si quiere ir más allá, anote los productos comprados y aquellos en los que estaba interesado, pero que no ha adquirido, la fecha de cada venta es también una información muy interesante. La información de la lista puede incluso incluir las características personales y familiares. Como regla general a mayor información una mejor oportunidad de éxito. Así que mantenga a su cliente satisfecho y en contacto con usted, tenga en cuenta que él es quien está asegurando su "salario" al fin y al cabo.

CONCLUSIÓN

Todo lo expuesto en este capítulo tiene por objetivo hacer que usted mantenga y amplíe su círculo de relaciones, aumentando sus posibilidades de obtener los resultados deseados. Ahora tal vez usted no se considere el tipo de persona lista para obtener buenos resultados, tal vez sí. Para garantizar esto vamos a trabajar con la preparación para la venta.

PREPARÁNDOSE PARA VENDER

"La emoción es la fuente de todo – su conciencia. Sin emoción, no se puede convertir la oscuridad en luz o la apatía en movimiento". Carl Gustav Jung

Hasta aquí usted ya sabe que debe establecer su meta de ingresos, que necesita ampliar su círculo de relaciones y que debe crear planes de acción y ejecutarlos.

Bueno, si usted está leyendo este libro para mejorar su desempeño como vendedor, prepárese para su primera prueba. Usted tendrá que vender algunas ideas y sugerencias que pueden marcar la diferencia. Esta venta se debe hacer a su cliente más importante, aquel que puede cambiar su vida, su rendimiento: usted mismo.

A lo largo de la vida compramos muchas creencias, opiniones, noticias, formas de ser y de actuar. Algunas de ellas son buenas y nos hacen lograr resultados, otras se mostrarán frustrantes y decepcionantes. Ahora, si usted supiera la forma correcta, aquella que lo llevará a sus objetivos, ¿no querría comprarla? Por lo tanto compre esta idea: **"Para vender bien es necesario prepararse para vender."**

Tres factores son fundamentales en la preparación para la venta:

- La formación técnica

- La confianza en los productos

- Estar en el estado emocional ideal para vender

La formación técnica

La formación técnica tiene que ver con el profundo conocimiento de los productos que vende y de las condiciones de pago y entrega. En algunos casos, como en las ventas por catálogo con muchos artículos, es complicado conocer todos los productos, en este caso es importante confiar en la marca y saber por medio de otros distribuidores si ha habido algún tipo de queja o reclamación.

Así que el primer paso de esta preparación es conocer los productos que se venden y las formas y condiciones de pago.

Pregunte en la compañía para la que venda o planea vender sobre cursos, conferencias o formación que le permitan adquirir los conocimientos técnicos y sobre todo una gran confianza en lo que está vendiendo.

Participar en estos cursos es muy importante, ya que crea una sensación de seguridad y ayuda a atender al cliente, en la medida en que es posible saber qué productos satisfacen sus necesidades y también ayuda a la hora de trabajar con las objeciones, que se verán próximamente.

En cuanto a las formas y condiciones de pago, estas son importantes porque a menudo se puede adaptar el pago al presupuesto del cliente, lo que puede determinar una venta.

La confianza en los productos

Para vender algo tiene creer en lo que usted vende, es decir, que "comprar" la idea de que el producto es realmente adecuado para las personas a las que usted vende.

Algunas personas pueden pensar que esto es una tontería, un buen vendedor vende cualquier cosa. Puede ser, pero recuerde que en la venta directa es esencial aumentar el número de clientes y retener a los clientes existentes. Si sus productos no son del agrado de a quien se los vendió, no van a volver a comprar. Peor aún, puede incluso hacer que pierdan la confianza en usted.

En este proceso, de una cosa puede estar seguro: las informaciones sobre lo que vende se difunden y más aún si son negativas. Esto puede hacer que todo su duro trabajo en el establecimiento de metas, planes de acción y formas de aumentar su círculo de relaciones se volverá ineficaz, perjudicando la obtención de resultados.

Además, ¿ha hablado con alguien que cree en lo que hace, o en lo que vende? Si su respuesta es sí, es fácil entender porque la gente que trabaja con una fuerte creencia en lo que están haciendo o vendiendo, está mucho más motivada, es altamente persuasiva y transmiten al cliente una seguridad que sin duda trae un aumento de rendimiento.

Conclusión: conozca y confíe en lo que usted vende y sobre todo asegúrese de que tiene la calidad necesaria para satisfacer las necesidades de sus clientes.

El peor sentimiento que usted puede despertar en un cliente es el remordimiento de la compra, es decir, que se arrepienta de lo compró. Todo buen vendedor vende de manera que su cliente este satisfecho con la compra, ahora un gran vendedor supera estas expectativas. Para ello, el conocimiento de los productos y sus características son esenciales, pero no suficientes, también necesita una considerable preparación emocional.

Estado ideal para vender

El estado emocional del vendedor en el momento de la venta o cuando se está trabajando para mejorar sus relaciones es de vital importancia. No importa si, en otras ocasiones, usted es tímido, gruñón o como usted quiera ser. En el momento del trabajo hay ciertas características que son de suma importancia y que marcan la diferencia.

Así que prepararse emocionalmente para vender es aprender a estar en el estado emocional correcto en el momento en que más lo necesita: cuando usted está delante de su cliente.

Según los últimos estudios de Richard Bandler, creador de la programación neurolingüística, el estado ideal para vender es una mezcla de tres estados:

- Sentido del humor

- Determinación de actuar

- Flirtear o seducir

Si ya tiene estas características, felicitaciones, utilícelas. Ahora bien, si usted está pensando que no es del todo su perfil, puede estar tranquilo porque todos las poseemos en determinados momentos. La cuestión es aprender a conseguirlas a tiempo.

Sentido del humor

Piense en algún gran vendedor que usted sepa. ¿Cómo es su estado sentido del humor? Un buen vendedor tiene un agudo sentido del humor, no necesariamente exagerado, pero suficiente para que la gente a quien el vende se sienta bien. Todos tenemos nuestros problemas, nuestras preocupaciones. Ahora imagínese si usted compraría a alguien que le traerá más problemas, que sea gruñón y negativo. Eso sin duda no sería bueno, sobre todo en venta directa, donde el tipo de contacto con el cliente es mucho más íntimo y ocurre fuera de un negocio.

Otra manera de darse cuenta de la importancia de un buen estado de ánimo es saber que uno de sus objetivos es conseguir que el cliente continúe comprándole a usted e incluso lo recomienden a sus amigos. Para que esto suceda es necesario saber cómo esta persona piensa acerca de usted, qué imagen tienen de usted y si simpatiza con su forma de ser. El buen humor aumenta en gran medida sus posibilidades de ser recordado como alguien interesante, de aquellos a los que queremos encontrar de nuevo y mismo indicárselo a nuestros conocidos. La regla de la sonrisa se aplica aquí de nuevo.

Usted tendrá éxito cuando su cliente piense en usted con una sonrisa en su rostro.

Ahora bien tenga un poco de cuidado, es infructuoso estar sólo contando chistes malos y diciendo gracias, el humor tiene que ser coherente con su cliente, sus creencias, sus valores y su forma de ser. Lo importante aquí es mantener su sentido del humor, independientemente del tipo de cliente al que usted está atendiendo.

Un buen ejemplo ilustrativo de esto fue una prueba realizada por una revista en un gran centro comercial.

Un periodista fue enviado a una tienda de ropa con el fin de pasar una hora allí, probar muchas piezas, no gustarle nada y salir sin comprar ni tan siquiera un par de medias. El objetivo era evaluar la forma en que los vendedores de la tienda atendían a los clientes 'difíciles'.

El periodista describe cómo durante ese tiempo hizo todo lo que pudo para dificultar el trabajo de la venta. Dijo que no le gustaba, incluso cuando él adoraba las prendas que le mostraban, y su dificultad para mantenerse una hora siendo muy bien atendido, probándose ropa maravillosa y aún así irse sin comprar nada. Terminado el plazo estipulado agradeció la atención del vendedor, que en ningún momento perdió su estado de ánimo y atendió todos los extraños caprichos solicitados, pero dijo que nada le complacía. El vendedor dijo que este era su trabajo y que si quería volviera la próxima semana, ya que iba a llegar la colección de primavera y sin duda tendrían algo que sería de su gusto. Después de salir de la tienda pensó: "Bueno el vendedor ha pasado la prueba, y la ropa era hermosa... fue difícil.... ¿pero tenia alguna regla sobre volver allí?" No la tenía. Así que regresó y compró tres piezas de ropa, caras por cierto, diciendo que había cambiado de opinión.

Este es un caso real. Cuando atendemos adecuadamente a la gente, manteniendo nuestro sentido del humor, y tratamos adecuadamente el retorno está garantizado de alguna manera.

Determinación para actuar

Esta es una característica que debe tener todo vendedor, más en la venta directa es esencial. En tiendas y comercios tradicionales la iniciativa del proceso de venta o de compra es por parte del cliente. Él es quien busca la tienda y el vendedor para comprar algo.

En el caso de venta directa no siempre es así. Aunque muchas veces los clientes puedan buscarlo en la mayoría de los caso la acción inicial debe venir de usted.

Sabiendo entonces que la acción debe comenzar desde el vendedor, usted puede estar seguro de que la vacilación es devastadora en el logro de sus metas. ¿Alguna vez en su vida usted quiso algo, incluso siendo difícil de conseguir, y fue responsable e hizo lo que tenía que hacer y lo logró? Ciertamente sí, todos tenemos ejemplos de logros en un momento u otro.

Así debe ser con su meta financiera. Estando plenamente comprometido con ella, las acciones que tiene que tomar son simples piezas de algo más grande, su éxito.

Usted todavía puede hacer como la historia de ese hombre sencillo del campo que llegó a la ciudad en busca de oportunidades y consiguió un trabajo como vendedor. Nunca había vendido nada y tenía un tremendo miedo de que a la gente no le gustara él, sus gestos o sus productos. Expuso sus temores a otro vendedor de la empresa, por ende un excelente vendedor, quien se compadeció de el y le dijo: "Al principio yo tenía los mismos temores que tu, hasta que descubrí que cada vez que un cliente no me compraba algo me estaba haciendo un favor". El otro preguntó: "¿Cómo es eso?". "Bueno, te voy a contar mi secreto. Cuando empecé a vender cada siete clientes que me decían no uno me decía que sí, así que estaba contento con todas las respuesta negativas que recibía, porque estas siempre me ponían más cerca de una venta".

El hombre lo pensó y copió la idea. Salió con confianza para vender e incluso agradeció a las personas incluso cuando no le compraron nada. Transcurrido un año, era uno de los mejores vendedores de la compañía y escuchaba muchos menos no antes de hacer una venta. Nunca dudó de que fuera posible, por lo que nunca dudó en actuar.

"Nunca espere el momento adecuado para actuar, ya que nunca puede llegar." Napoleón Hill

Finalmente piense en la siguiente situación: Está caminando en una calle muy concurrida y se encuentra con un billete de cincuenta euros en el suelo. ¿Qué haría? ¿Dudaría en cogerlo? Así son sus clientes, cada uno de ellos puede traer ganancias mucho mayores que eso, ¿usted dudaría en ir a hablar con ellos?

Flirteo o seducción

Atraer al cliente. Usted puede haber oído esta frase muchas veces, es el tema de numerosas conferencias, seminarios, cursos. Varias empresas invierten mucho dinero en campañas publicitarias, programas de capacitación y de calidad, cuyo propósito es lograr este objetivo. Y usted, como un agente directo de venta, ¿piensa que esto no es importante? ¡Obviamente que lo es! Tan importante como su estado emocional ideal para vender. Todos hemos tenido la experiencia de flirtear, de querer seducir, envolver a alguien. Ahora rescatamos un poco este sentimiento, esta sensación. Piense en las cosas que hizo... En la forma como usted actuaba cuando se acercaba a alguien muy interesante, en las "locuras" que tal vez ha hecho en un intento de seducción. Recuerde la voluntad y la motivación para satisfacer las necesidades y deseos de esa persona especial.

Esto es exactamente lo que tiene que pensar en relación con sus clientes, cualquiera merece y debe ser atendido de esta manera. La voluntad de querer envolver, conquistar, es una gran ventaja en el momento de actuar. Si realmente quiere lograr algo o alguien, su postura, su implicación y motivación se multiplican varias veces y, en consecuencia, sus resultados también.

Además, a la gente le gusta dejarse seducir, a condición de que se haga de la manera correcta, sin forzar y con mucha armonía de modo que posibilite al otro saber que está tomando la decisión correcta al dejarse envolver.

De este modo para cautivar al cliente tiene que ser atractivo y no sólo en el momento de la venta sino también después porque, como se ha dicho, nuestro objetivo va más allá de la simple venta: también lo es mantener ese cliente y obtener recomendaciones.

Parafraseando a Saint Exupery: "Somos responsables de todos aquellos a los que cautivamos".

Una vez que logró cautivar a alguien, asuma su responsabilidad, venda productos adecuados y cultive la relación con su cliente, es el factor más importante en este proceso.

Usando los tres estados al mismo tiempo

En nuestros entrenamientos desarrollamos técnicas que permiten lograr este estado ideal para vender, aquí le damos algunos consejos útiles. Siempre que sea posible, momentos antes de comenzar a atender al cliente, haga lo siguiente:

• Imagine el cliente como alguien realmente interesante, independientemente de cómo sea realmente.

• Piense en la venta ya realizada y en que usted recibió su comisión, su recompensa.

• Encuentre la manera de divertirse en el proceso.

La primera trabaja con su voluntad de seducir, la segunda le hará actuar sin vacilación y la tercera sin duda lo hará estar de mejor humor. Y esto, como todo en la vida, depende de la formación. Practique con cada cliente y cada vez será más fácil.

Sabiendo esto y estando preparado para vender está llegando el momento de tratar la venta propiamente dicha. A partir del próximo capítulo proporcionaremos información que le ayudará a vender. Recuerde que tiene una meta y que, por bien que esté, siempre se puede y debe mejorar.

EL PROCESO DE VENTA

"La competencia es un ideal pobre. La competencia hace al tren llegar a tiempo, pero el no sabe a dónde va." George Bush

Toda venta es un proceso dinámico, con inicio, medio y fin. La comprensión de cómo funciona es lo que da al vendedor la seguridad de saber a dónde va e incluso si ya llegó ahí. Para ubicarnos en una carretera o ciudad un mapa es esencial, conocer el proceso de ventas es como tener un mapa.

Etapas del proceso de venta

• CONSEGUIR LA ATENCIÓN

• ESTABLECER UNA BUENA RELACIÓN (RAPPORT)

• REUNIR INFORMACIÓN

• CREAR EL ESTADO IDEAL DE COMPRA

• PRESENTAR EL PRODUCTO

• PREVENIRSE CONTRA OBJECIONES

• CONCLUSIÓN Y TEST FUTURO

Es bueno saber que esta es una manera didáctica y sistemática de explicar cómo se produce una venta, pero tiene excepciones. Un ejemplo es cuando un cliente viene y pide un producto específico, no pregunta precio y aún así dice que se llevará tres unidades.

Todo lo que debemos hacer aquí es coger su pedido o tratar de vender algo diferente en caso de que ya no estemos trabajando con el producto solicitado.

Quién conoce y sigue estos pasos puede vender como quien conduce en su vecindario donde conoce todos los caminos que conducen al destino deseado.

En los siguientes capítulos vamos a detallar cada uno de estos pasos, lo que le permitirá aumentar sus habilidades como vendedor y situarse cada vez más cerca de su meta de ingresos.

CONSEGUIR LA ATENCIÓN

"En un proceso de comunicación, si usted no tiene la atención entonces no tiene nada." Getúlio Barnasque

El primer paso que hay que superar es conseguir la atención del cliente, no sólo tener una o más personas de pie delante de usted pensando en la vida, sino atentos y con ganas de saber lo que tiene que ofrecer. La forma en que recibe la atención también es fundamental, porque si está bien hecha facilitará todos los otros pasos. Bueno, entonces vamos a dedicarnos a las formas de llamar la atención.

Algunos métodos efectivos para conseguir la atención son los siguientes:

• SEA CREATIVO

• HAGA PREGUNTAS CUYAS RESPUESTAS SON "SÍ"

• SEA VALIENTE

• FRASES O ACTITUDES QUE GENEREN CURIOSIDAD

• DETENER LA NORMA EN CURSO

Sea creativo

La creatividad es algo que varía de persona a persona y acceder a ella en el momento exacto que se requiere no es siempre posible. Por lo tanto le aconsejamos que sea creativo y piense en maneras de llamar la atención antes de estar con el cliente delante de usted. En los siguientes apartados vamos a dar algunos consejos y ejemplos que sin duda le ayudarán a conseguir la atención de su cliente potencial.

Haga preguntas cuyas respuestas son sí

El hecho de que hay que buscar la concordancia con el cliente es muy conocido y citado en todos los libros buenos sobre cómo vender. Entonces ¿por qué no tener al cliente diciendo o pensando así desde el principio? Vamos a ir más allá, si comienza recibiendo un NO disminuye en un cincuenta por ciento la probabilidad de cerrar una venta. Por ello, empezar haciendo preguntas cuyas respuestas sólo pueden ser SI es una gran manera de conseguir la concordancia.

Para ilustrar esto daremos un ejemplo: Un hombre está conduciendo su coche en un día de fuertes lluvias y ve a una hermosa mujer que trata de escapar de la lluvia bajo un paraguas mientras está siendo mojada por el agua lanzada por los coches que pasaban. Al sentir pena por ella, o tal vez porque era muy hermosa, decide ofrecerse a llevarla. ¿Qué pregunta debe hacer para aumentar las posibilidades de lograr su objetivo?

- ¿Quieres que te lleve?

De ninguna manera, a menos que este en un coche de lujo y sea un hombre de gran atractivo.

- ¿Quieres dejar de mojarte?

¿Quién no lo desearía? Esta pregunta hace que el primer pensamiento que a la persona se le pase por la cabeza sea: SÍ QUIERO.

Ante este ejemplo explicado durante el transcurso de un curso un hombre agradable, joven y atractivo, parte del equipo de ventas y que prestaba atención, cuando llegó a esta parte planteó la siguiente pregunta: ¿Qué hago después de que ella entre en el coche? Todo el mundo se echó a reír y él ciertamente perdió algunos puntos con sus colegas.

Ahora, ¿se da cuenta de la diferencia entre las dos preguntas? La primera genera miedo, el miedo a todo lo que se puede asociar a hacer autostop con un extraño y la segunda genera el pensamiento de que dejará de mojarse, lo cual es deseable.

Además tenga en cuenta que nuestro cerebro tiene una tendencia a aceptar como verdad cualquier declaración hecha después de una serie de al menos tres afirmaciones que generen un acuerdo total, es decir un "sí".

Si usted presta atención en la frase anterior puede entender cómo funciona este proceso. En ella hay tres afirmaciones indiscutibles, que sólo pueden generar sí y luego otras que tienen una alta probabilidad de ser ciertas y se refuerza en su mente por las tres primeras.

Frases que pueden inducir al rechazo o negación dificultan su tarea. Frases de este tipo pueden arruinar su venta: "Hola, soy Fulana y quisiera enseñarle unos productos que estamos vendiendo." (Algunas personas tienen prejuicios con las ventas a puerta fría y la sola mención de la palabra venta ya genera rechazo.) "¿Tiene un minuto para que le enseñe algunos productos? (De esta manera el posible cliente se siente presionado y hay muchas probabilidades de que le contesten con un No.)

Buenas frases son las que difícilmente puede crear NOs y generan SI o, al menos, la duda que le permita obtener un SI más adelante.

- ¿Le gustan los perfumes?
- ¿Podría usted ayudarme?
- ¿Disfruta de buenos productos?

Son buenas frases. Tenga en cuenta que si el cliente tiene SI en su cabeza todo el tiempo, la venta será un juego de niños.

Sea valiente

La audacia es una característica que depende de su capacidad de ser flexible en la consecución de una meta. También está influenciado por su seguridad en lo que está vendiendo y la creencia en el resultado positivo. Ser valiente para llamar la atención es ir más allá de lo que se considera convencional, es actuar de una manera que supera el límite que la gente común se aplica.

Hay muchos ejemplos de personas audaces que ganan la atención de los demás. Vamos a nombrar algunos.

El primero está fuera del ramo de las ventas pero ilustra muy bien la audacia. Hace tiempo un hospital de renombre estaba seleccionando profesionales para trabajar en una determinada área. Una joven envió su currículo y fue uno de los seleccionados. Varias amigas de ella se enteraron de la oferta una vez se había cerrado el plazo de inscripción; hablaban con la chica, se quejaban de la mala suerte que habían tenido y pedían un poco de ayuda para trabajar allí. Por su parte, una de sus amistades cogió su currículo y se fue con él a la agencia de recursos humanos encargada del proceso de selección. Al llegar allí fue atendida por la recepcionista, quien le indicó como a todos los demás que el tiempo se había agotado el día anterior, que no podía aceptar su currículo, etc.

A lo que ella dijo: "Yo sé que el período terminó ayer pero también se que cumplo todos los requisitos del perfil para este puesto y lo único que pido es que pase este currículo al encargado de la selección ya que si no lo hace puede arrepentirse. "

Le dió la espalda y se alejó. Hoy en día ambas trabajan en el hospital, mientras que entre el resto de sus amistades muchas todavía se quejan de su mala suerte. Qué buen vendedor sería esta persona.

Otra historia interesante es la de un ejecutivo que recibió, por error, varios vendedores al mismo tiempo con el fin de comprar una pieza de un determinado equipo. Imagínese la confusión, cada vendedor quería sobresalir más, mostrar trípticos y destacar las ventajas de su producto. El ejecutivo estaba casi loco con esto, cuando observó a un vendedor en un rincón de la habitación quieto y abriendo algunos de los botones de su camisa. Al principio no le prestó mucha atención y siguió tratando de atender, pero cuando el vendedor comenzó a quitarse el cinturón vio que era hora de actuar. Luego dijo: "¿Qué cree que está haciendo?" Y el vendedor dijo: "Llamar su atención, por otra parte la habitación esta muy caldeada con tanta gente." El ejecutivo contestó: "Bien ya tiene mi atención, ahora hábleme de su producto." A lo que contestó: "Prefiero tratar de esto más tarde, está reunión es muy confusa y usted no podrá evaluar todas las ventajas que mis productos tienen sobre las de los competidores."

¿Quién cree que hizo la venta? Por supuesto fue el vendedor atrevido.

Otro ejemplo es el siguiente: uno de nuestros compañeros fue a comprar un regalo para un amigo en unos grandes almacenes y decidió comprar una escalera. Hasta aquí todo bien, excepto que esta tienda para ir a la caja para pagar es necesario que algún vendedor rellene el impreso de compra. Fue entonces cuando comenzaron los problemas. Era un día ocupado con muchas personas de compras y los vendedores estaban bastante ocupados. Cuando uno pasaba cerca de él trataba de llamarle, hacer que le atendiera, pero no lo conseguía. Después de unos quince minutos su paciencia ya había superado todos los límites. Después de todo lo que quería era gastar su dinero allí, sabía lo que quería, ¿es que era un favor que lo atendiera alguien? Así que decidió ser valiente, levantó la escalera por encima de su cabeza y se quedó parado en medio de la tienda con el peligro que ello podría suponer si chocaba contra algo... o si alguien chocaba contra él. En cuestión de segundos había un vendedor atendiéndole. Es increíble cómo en varias tiendas no son los vendedores los que venden sino que son los compradores los que compran a pesar de los vendedores.

Con esto lo que queremos remarcar no es el hecho de llegar a acciones extremas sino buscar la forma de llamar la atención, alejándose de las acciones comunes y destacándose sobre los demás.

Para finalizar, indicaremos lo que ocurrió después de un curso de ventas. Algunos participantes fueron a un restaurante para celebrar el final del curso. Una vez allí se sentaron, pidieron las comandas y se sentaron a hablar de sus opiniones sobre el curso, lo que les había parecido, la actitud del profesor, entre otras cosas.

Bueno, el tiempo pasaba y nada de lo que habían pedido para comer llegaba, se quejaron en varias ocasiones al camarero hasta que a la cuarta vez se dieron por vencidos porque era inútil. Fue entonces cuando uno de los estudiantes vio sobre la mesa un folleto que decía USE NUESTRA TELE-ENTREGA. Y el número de teléfono.

Habían pasado cuarenta minutos y al parecer el pedido aún tardaría en llegar, por lo que cogieron un teléfono móvil y decidieron tomar medidas. Llamaron al número de tele-entrega y preguntaron cuánto tiempo tardaba un pedido en ser entregado; la respuesta fue que el tiempo estimado era de media hora. Repitieron todo su pedido y luego le preguntaron la dirección de envío. Le dieron la dirección del restaurante en sí.

Cuando el empleado se dio cuenta del hecho, les preguntó si le estaban gastando una broma. Contestaron que no pero que estaban sentados en la mesa número 14 y que llevaban esperando la comida durante más de hora y media y que lo único que querían era comer.

No había pasado ni un minuto y el director se acercó a la mesa, rojo de vergüenza, pidió mil excusas, dando algunas explicaciones; al poco estaban riendo y cenando.

La audacia es a menudo la clave para conseguir la atención y abrir las puertas cerradas.

Frases o actitudes que provocan curiosidad

La curiosidad es también una buena manera de captar la atención. ¿Ha visto en la televisión o vio a alguien de pie mirando al cielo como si existiera algo muy importante? ¿Qué pasa después? Que en poco tiempo se reúne un grupo de personas mirando, con curiosidad por saber lo que la persona esta mirando.

Así es la curiosidad. Ella nos engancha, nos hace quedarnos quietos y prestando atención, así que ¿por qué no la usamos en las ventas? Una frase muy ligada a la curiosidad es: "Usted no sabe lo que se va a perder."

Se imagina detener a una persona y preguntarle: - Perdone, pero usted no sabe lo que se va a perder. Probablemente ella responda: - ¿A que se refiere? Como replica podría decir: - Usted no sabe lo que se va a perder si no le echa un vistazo a los productos que estoy vendiendo, estoy seguro de que le gustarán.

O hacer como un corredor de seguros americano, que tenía sobre su escritorio un libro de Ernest Hemingway con varios cientos de billetes de dólares colocados en la primera página. La gente se sentaban frente a él y se quedaban observando ese libro con los billetes casi fuera, hasta que él parecía darse cuenta del hecho, abría el libro dejando volar algunos billetes y mostrando la foto del autor en la primera página que decía: - ERNEST HEMINGWAY ESTÁ MUERTO. Dejaba pasar un tiempo y continuaba: - Y cuando murió dejó a su familia sin dinero, en la calle, sin esperanza. Ahora usted tiene una familia, y usted podría morir. ¿Cómo afectaría eso a su familia?

Gran manera de llamar la atención, incluso un libro y un puñado de billetes se pueden utilizar para este propósito. Sólo tenga en cuenta que cuando se utiliza algo que causa curiosidad esto sea dirigido con elegancia para un resultado que propicie la venta, de lo contrario su cliente incluso puede enojarse.

Interrumpir el patrón en curso

A menudo la gente se queda como en "piloto automático" y se distraen con una actividad que interrumpe el patrón en curso y hace que la atención se dirija a la causa de la interrupción. Por ejemplo, a menudo estamos conduciendo o caminando y pensando en nuestra vida, soñando despiertos, de forma que ni tan siquiera somos capaces de recordar la ruta, pero si un perro ladra o un camión toca la bocina junto a nosotros ¿que sucede? Inmediatamente nos vemos obligados de nuevo a ver el mundo exterior.

Este es otro método para obtener la atención y puede ser utilizado en las ventas así como en otras situaciones.

Como ejemplo repare en la siguiente historia: Una joven estaba caminando a toda velocidad por el centro de su ciudad con un paquete que tenía que entregar sin demora. Caminaba con la cabeza baja, frunciendo el ceño, absorta en su tarea. De repente, un chico golpea su hombro y le dice: ¿Acostumbras a tomar el sol así?

Se quedó inmóvil por un momento hasta que volvió a la realidad y respondió vacilante: No, ¿por qué? A lo que él respondió: Porque si tomas el sol así lo que conseguiría son pequeñas marcas en la frente. Y sonrió brillantemente.

¿Qué pasó después? Bueno, nos gusta dejar a la gente con curiosidad ¿o que pensaba?

CONCLUSIÓN

En este capítulo usted tuvo contacto y vio varias maneras de obtener atención. Lo importante es adaptar algunas, crear otras e ir tratando de llegar a las que realmente se ajusten a su manera de ser y le aporten más resultados. Use su creatividad, investigue como los buenos vendedores lo consiguen, consulte con sus amigos y tenga confianza en que cosechará las recompensas.

El primer paso dentro del proceso de venta está dado, así que, a continuación vamos a responder a la pregunta del chico que quería saber qué hacer después de que la mujer entrara el coche. La respuesta es establecer una buena relación o rapport, lo que será tratado en el próximo capítulo.

ESTABLECER UNA BUENA RELACIÓN (RAPPORT)

"Hay una cosa maravillosa sobre la magia de la armonía. Es la habilidad más accesible del mundo. Usted no necesita libros ni cursos. No es necesario viajar con un maestro, usted no necesita obtener un diploma. Las únicas herramientas que necesita son sus ojos, sus oídos y sus otros sentidos". Anthony Robbins

¿QUÉ ES RAPPORT?

Para empezar nos gustaría decirle que lograr una buena relación es mucho más fácil que escribir sobre ella. Rapport es una palabra de origen francés que significa literalmente "relación". En el proceso de ventas rapport significa crear una relación de confianza y armonía en la que el cliente está más abierto para el intercambio de información y aceptar las sugerencias del agente de ventas.

Si ha encontrado un extraño en la calle, o en otra parte, y en menos de media hora, ella ya sabía más sobre su vida que sus familiares o sus mejores amigos ocurrió que esta persona consiguió rapport. Establecer rapport genera en la otra persona un sentimiento de aceptación y confianza que es esencial en la venta directa.

Bueno, si usted piensa que esta capacidad de cautivar, de obtener la confianza es algo que viene de cuna y que no se puede aprender, entonces prepárese para sorprenderse con el potencial de lo que le vamos a enseñar a continuación. Ahora, antes de entrar en los detalles, queremos recordar que en este punto de la venta debe estar en el estado ideal para vender y tener la atención, tal y como se describió en los capítulos anteriores.

OBTENIENDO RAPPORT

El proceso de rapport tiene dos pasos: comprensión y liderazgo.

La fase de comprensión o acompañamiento, como también se le llama, tiene como intención pasar a la otra persona una sensación de entendimiento o comprensión, haciendo que con ella perciba que la entendemos y estamos dispuestos a compartir su mundo. La etapa de liderazgo es donde el cliente ya confía en usted y lo aceptó como parte de su "tribu", por lo que se ganó el derecho a influenciarlo.

Mientras que las dos fases son indispensables, en ventas lo más importante es ganar el derecho a liderar. Esto se entiende fácilmente cuando pensamos que el objetivo principal del agente de ventas es influir en su cliente y no ser influenciado por él. Esto de ser influenciado por el cliente puede ser ejemplificado por el vendedor que termina comprando a la persona a la que estaba vendiendo. ¿Que pasó? El cliente fue el que lideró.

Hay una broma, bastante vieja por cierto, que ilustra lo que queremos decir: Estaban un japonés y portugués delante de un acuario. El portugués veía atónito como el japonés hacía movimientos con las manos que eran acompañados por un pez con una precisión increíble. El japonés movía la mano hacía arriba y el pez subía, hacía un círculo con el dedo y el pequeño pez nadaba en círculos y así sucesivamente. Hasta que el portugués habló aturdido: "Es increíble, pero ¿cómo hace usted eso?". A lo que el japonés respondió: "Es muy sencillo, la mente superior domina a la mente inferior ¿entendió?" Y le señaló con el dedo en la cabeza. El portugués se quedó pensativo y el japonés se apartó por un momento. Cuando regresó el portugués todavía estaba en frente del acuario sólo que abría y cerraba la boca lentamente, al igual que hacían los peces.

Esto es lo que ocurre si se olvida de liderar: acaba imitando a los peces.

El detalle es que para llegar a esta etapa donde se gana el derecho a influir en su cliente, tiene que comprenderlo primero obligatoriamente. Analizando a los vendedores exitosos se percibe que ellos saben crear entendimiento con tal maestría que rápidamente pasan a liderar, lo que acelera el proceso de ventas. Como regla general, perfeccione su técnica de forma que acompañe lo mínimo necesario y lidere lo máximo posible.

Recuerde, el acompañamiento conduce al liderazgo.

A continuación antes de iniciar el rapport esté preparado para hacerlo lo mejor posible en el sentido de estar totalmente dispuesto a comprender y auxiliar al cliente. Ellas tendrán poco valor si no está conectado firmemente a la verdadera intención de querer entender al cliente y ayudarle a hacer una buena compra. A veces sólo esta disposición hace que la relación se produzca de forma natural, pero si tiene problemas o desea mejorar preste atención a las siguientes técnicas. Conociendo como utilizarlas se convertirá en un vendedor más persuasivo.

TÉCNICAS DE RAPPORT

Hay numerosas formas de establecer rapport. Repasaremos con usted algunas de las más utilizadas. Cabe señalar que estas técnicas se pueden utilizar juntas o por separado. Recomendamos empezar utilizando cada una de forma aislada y después de alguna práctica usarlas de una manera integrada. Ellas son:

- Esparcimiento corporal

- Sintonización de la voz

- Ajuste del lenguaje

Esparcimiento corporal

La palabra esparcimiento significa acompañar, reflejar. Imitar también se puede utilizar pero es una palabra con connotaciones muy negativas para una técnica tan poderosa y eficaz. El rapport por esparcimiento corporal se basa en el acompañamiento de expresiones corporales del cliente.

Este tipo de rapport parte del presupuesto que la comunicación entre las personas nunca sucede en un sólo nivel y que la forma en la que nuestro cuerpo se comunica es un importante, a menudo inconsciente, en la creación de la comprensión, la armonía y el entendimiento.

De hecho estudios realizados por psicólogos en 1967 ya mostraron que en una presentación el 55% del efecto en el público proviene de lenguaje corporal (gestos, movimientos de los ojos, la postura), el 38% se debe al tono de voz y el contenido tratado es responsable de sólo 7%. A través de esta investigación usted puede comprender la importancia de este tipo de rapport y de cómo le puede ayudar con sus metas. Ahora, vamos a lo principal: ¿Cómo hacer rapport corporal?

El rapport corporal puede ser entendido como una especie de danza sin música, donde inicialmente usted debe seguir la forma de bailar de su cliente y así es posible conducir la danza.

¿Cómo acompañar a su cliente en la danza? Reflejando sus gestos, su postura, su lenguaje corporal, su respiración inclusive. Lo importante aquí es saber que esto debe hacerse con mucho cuidado, respeto y sentido común, porque si lo que hace es una imitación y se da cuenta de lo que está pasando, es probable que tenga un cliente nada satisfecho.

Otro punto importante es evitar imitar tics nerviosos o cualquier otro mal hábito que tenga. Decimos esto porque hemos sido testigo de varios vendedores utilizando esta técnica en el camino equivocado, imitando cualquier movimiento al cliente, lo que hizo que la relación nunca fuera creada.

¿Cómo conducir la danza? Haciendo cualquier gesto o movimiento diferente de su cliente (como rascarse la cabeza o la nariz) y comprobar si es reflejado de forma natural lo que hizo. Si no acepta ser conducido, es decir, que todavía no repitió el gesto que hizo, su trabajo es continuar con la creación de reflejos y de vez en cuando, comenzar el proceso de conducción de nuevo hasta que tenga éxito.

Una vez que el cliente acepta su conducción le aconsejamos que ponga el "automático" y continúe la venta. Sólo teniendo el cuidado de verificar periódicamente que sigue aceptando, porque en la medida que la relación es un proceso dinámico usted puede haber hecho o dicho algo que haya interrumpido la "danza" y una de las peores cosas en el mundo es pensar que es agradable y no serlo.

Usted debe mantener y comprobar el rapport a lo largo de la venta.

Una de las mejores maneras para que usted entienda el rapport es observar a la gente comunicarse, chatear, salir. Ir a restaurantes, festivales y parques y observar. Observe cómo se comportan las personas, sus gestos, sus movimientos y tenga en cuenta la diferencia de los que están en armonía con aquellos que están involucrados en algún tipo de pelea, discusión o incluso desinteresadas entre sí, entonces usted tendrá clases sobre rapport que ningún libro o curso podrá proporcionar.

Nuestra última recomendación es entrenamiento, entrenamiento y más entrenamiento. Practique siempre con la intención de comprender y de ayudar a otra persona. Esto puede ser muy divertido y al mismo tiempo ayudarlo a lograr generosas comisiones.

Sintonización de la voz

La voz es otro factor importante para la comunicación, la manera en que decimos algo marca una gran diferencia en la percepción del oyente. Por lo tanto, ¿Cómo utilizar la voz para crear armonía con el cliente? En primer lugar tenemos que prestar atención a las funciones de la voz, hay muchos factores que marcan la diferencia, vamos a citar los dos más importantes:

El tono de la voz

Si conoce a alguien con ese tono, que independientemente de lo que dice te hace enfadar, entonces puede entender la importancia de la voz. Imagínese esta persona presentando un telediario; sería un fracaso total. Ahora piense en alguien con esa voz que inspira confianza, calma, seriedad. ¿Cómo es esa voz? Piense acerca de las diferencias entre las dos y elija cual le gustaría tener como modelo.

Velocidad del habla

La gente entiende el mundo a la velocidad que habla. Hay personas que hablan muy rápido y son difíciles de seguir, y también tenemos a los que hablan tan lentos que en última instancia pueden llegar a causar sueño. Por supuesto, estos son extremos, pero sirven para enfatizar la importancia de la velocidad del habla y el impacto que tiene sobre los demás.

Teniendo en cuenta como habla el cliente debemos caminar de esta manera y finalmente LIDERAR, cambiando la forma en que estamos hablando y otra vez, prestar atención a la voz del cliente para ver si nos ACOMPAÑA. El procedimiento es similar al rapport corporal sólo que aquí las características de la voz, sobre todo el tono y velocidad, son lo que debe ser "reflejado".

Tenga cuidado con los acentos extraños y tics vocales, porque "conectar" con ellos puede poner fin a cualquier posibilidad de relación.

Una vez en un entrenamiento en un departamento de ventas de una compañía de software un vendedor nos dijo que comenzó a utilizar el rapport por sintonía vocal y que realmente funcionaba sólo que había tenido la duda de hacer este tipo de rapport con un cliente muy amanerado que había tenido, ya que este tipo hablaba y se movía de una forma muy peculiar.

Le preguntamos de nuevo lo que decidió hacer y dijo: "Utilicé la técnica, hablé a su manera pero sin forzar demasiado. Liderando tan pronto como fue posible".

A lo que le preguntamos: "¿Y cómo fue la venta?"

Con una gran sonrisa dijo: "Cerré el contrato."

Este ejemplo es la esencia de este tipo de rapport. Úselo siempre, hasta donde su flexibilidad se lo permita, sin forzar o perder su autenticidad. Este es más inconsciente y efectivo que el corporal. Ahora bien tenga claro que no es necesario convertirse en un perfecto imitador de voces, lo importante es acompañar la forma en la que el cliente habla y rápidamente llevarlo a su propio ritmo y tono.

Adecuar el lenguaje

El rapport por ajuste de lenguaje merecería un capítulo entero si estuviéramos hablando únicamente de rapport. En este libro vamos a simplificar al máximo este tema pero sin perder el objetivo final, que es crear armonía y confianza entre usted y su cliente.

En este tipo de rapport las palabras utilizadas, el contenido y el significado de lo que se dijo es lo que debe ser "reflejado". Para ello recomendamos el "eco inteligente". El "eco inteligente" es hecho devolviendo a su cliente una frase igual o muy parecida a la cual el pronunció añadiendo algunas opiniones personales seguidamente.

Ejemplos de esta técnica:

Cliente: Quiero algo hermoso y cómodo.

Eco inteligente: Sí, con algo hermoso y cómodo usted estará satisfecho.

Cliente: Estoy en duda entre el producto número 3 y el número 4.

Eco inteligente: Si usted está en duda entre el producto número 3 y el número 4, compre los dos. Estoy seguro de que será una gran compra.

Cliente: Muy claro, me gustó, pero no sé si lo voy a llevar ahora.

Eco inteligente: Si esta todo claro y le gustó, pero no sabe si lo va a llevar ahora, se lo podemos entregar cuando mejor le convenga.

Cliente: Necesito que me siga pareciendo bonito después de hablar con mi marido para ver si él está de acuerdo.

Eco Inteligente: Estupendo, entonces échele un vistazo para ver si lo sigue encontrando bonito y después puede hablar con su marido, porque creo que él estará de acuerdo.

Como se habrá dado cuenta lo importante es el uso de palabras idénticas a las del cliente, siguiendo el orden en que fueron pronunciadas e intercalando, o añadiendo al final, lo que quiere decir. Esto acelerará el rapport y es extremadamente poderoso.

En esta técnica la fase de acompañamiento es en la repetición de la frase y usted lidera cuando añade sugerencias u opiniones. Algo que hay que evitar aquí es el efecto loro, es decir, repetir las frases de manera obvia, utilizando el eco sin inteligencia. Estamos seguros de que es capaz de crear frases interesantes ya que, después de todo, si sólo fuera cuestión de repetir se podría contratar a loros para realizar las ventas.

En los ejemplos anteriores fueron subrayadas algunas palabras, estas palabras se relacionan directamente con nuestros sentidos de vista, oído, tacto, y también con nuestro razonamiento lógico. Es necesario prestar atención y tener cuidado de no reemplazarlas por otras que tienen el mismo significado, pero relacionadas con otro sentido. Palabras visuales deben mantenerse visuales, palabras auditivas también y así sucesivamente. Este procedimiento se basa en el hecho de que nuestros cerebros funcionan de manera diferente con cada sentido. Por lo tanto, cada vez que una persona utiliza palabras relacionadas con uno de ellos está pensando con este sentido como dominante en ese momento.

Así que si en el rapport por adaptación del lenguaje usted mantiene esas palabras estará en sintonía con la forma de pensar de la otra persona y tendrá resultados sorprendentes.

Puede ver algunas de estas palabras en el cuadro que se muestra a continuación:

PALABRAS VINCULADAS A NUESTROS SENTIDOS
VISTA Mirar, imagen, enfoque, imaginación, escena, blanco, visualizar, perspectiva, brillo, reflejo, esclarecer, examinar, ojo, foco, anticipar, ilusión, ilustrar, divulgar, oscuro, predecir, hermoso.
OÍDO Decir, ritmo, acento, tono, sonido, resonar, sordo, preguntar, audible, discutir, comentar, escuchar, oír, silencio, armonioso, gritar, disonante, tranquilo, ruidoso, grave, agudo, proclamar.
TACTO Tocar, manosear, contacto, empujar, frotar, sólido, caliente, frío, tenso, suave, templado, lisa, rugosa, áspero, pegar, pesado, ligero, presión, relajar.
NEUTRO (vinculado al razonamiento lógico) Decidir, pensar, percibir, ejecutar, meditar, reconocer, valorar, lógica, considerar, procesar, computar, recordar, motivar, comprender, modificar, saber, consciente.

Para cerrar este tema haremos hincapié en ciertos aspectos del rapport aplicados a las ventas.

- Estar conectado a un deseo sincero de querer comprender y ayudar al cliente.
- Ser realizado y probado a lo largo de toda la venta.
- Acompañar lo mínimo y conducir tanto como sea posible.

Así que el rapport no es propiamente una fase del proceso de venta, es un mecanismo que se inicia desde el momento en que tenemos la atención y que debe continuar hasta su finalización.

En el próximo capítulo veremos qué tipo de información acerca de su cliente es relevante y que pasos seguir para descubrirla.

REUNIR INFORMACIÓN

"La materia, energía e información son susceptibles de ser transformadas directamente entre sí." Tom Stonier

Recopilar información está asociado con conocer al cliente y también mantener todos los sentidos abiertos y receptivos para ver cómo el proceso de venta está fluyendo.

Se puede entender esta fase pensando en lo que se necesita para hacer un zumo de naranja. Primero es necesario coger las naranjas (reunir la información), seleccionar las buenas (sólo quedarse con lo que es relevante) y exprimirlas (usar la información para un propósito). Al final usted siempre se puede tomar el zumo ya que se lo ha ganado (disfrutar de su comisión).

Todo lo que se relaciona con el cliente debe ser descubierto preferiblemente en este punto, antes de crear el estado ideal de la compra. Lo que es relativo al proceso de venta debe empezar a ser recogido a partir de esta fase y continuar hasta el final, de la misma forma que el rapport. Lo principal es convertir la información en materia, específicamente en dinero en su bolsillo. Hecho que le llevará hacia su meta de ingresos (que siempre tiene en mente) y le dará más energía para continuar su jornada.

CONOCER AL CLIENTE

Por regla general, es importante averiguar la máxima cantidad de información de los clientes que esté relaciona con el producto o productos que estamos vendiendo. Otros aspectos no relevantes en relación con la venta pueden ser importantes, sólo que tienden a tardar en ser recogidos y sirven más al proceso de rapport. Cuidado, una trampa mortal es salir de la reunión con el cliente sabiendo toda su vida, pero sin haber vendido nada. En esta etapa, le aconsejamos que sea lo más objetivo posible, si desea tener una pequeña charla hágalo después de que el negocio esté cerrado y aún así sepa que puede haber otros clientes ahí esperando por usted. Sólo tenga cuidado de mantener una buena relación, de lo contrario su cliente le puede juzgar mal, lo que complica todo.

Algunos ítems interesantes para conocer:

- El gusto del cliente en relación a los tipos de productos que vendemos.

- La capacidad financiera para adquirir los mismos.

- Si tiene amigos o familiares que deseen recibir los productos como regalo.

- Si hay próximamente una fecha importante como un cumpleaños o una boda.

- Cómo estos productos son importantes, o pueden serlo, para él.

- El grado de necesidad de los productos para el cliente.

Seguramente usted puede pensar en otro tipo de información que complemente lo que fue citado, cree una lista con la información a ser descubierta y utilícela durante la venta. Con todo aún hay una última cuestión en la que es de vital importancia conocer la respuesta, siendo aún más importante que todas las anteriores: ¿Qué es lo que el cliente quiere o necesita ser satisfecho?

La respuesta a esta pregunta es una de las claves para cerrar el negocio y para cautivar al cliente. Como ya sabemos, su producto debe adaptarse a las necesidades y deseos del cliente, ahora ¿cómo va a saber esto sino lo pregunta?

Incluso puede suceder que le den la información de manera espontánea pero la clave es estar con su mente totalmente enfocada en la búsqueda de esta respuesta, porque de lo contrario puede dejar que se pierda. Por lo tanto simplifique y pregunte: ¿Qué debe tener para que usted compre mi producto?

Sabiendo esto, y si usted quiere ser un súper vendedor, supere estas expectativas de cualquier manera. El retorno será mejor de lo esperado.

Ahora si está absolutamente seguro de que el producto no cumple con los requisitos del cliente y que se arrepentirá de comprarlo, entonces anticípese y no venda. Esto va a hacerle ganar muchos puntos y reforzar la confianza del cliente en usted.

Nuestra filosofía en este tipo de casos es: perder una venta pero conseguir un cliente.

Información durante el Proceso

Durante todo el período que usted se encuentre con su cliente él le estará dando información muy importante para el proceso de la venta. Es más, él le dará toda la información que es necesaria para que se haga la venta.

Esta información, si es reconocida y bien utilizada, hace de la venta algo muy sencillo, pues permite cambiar la manera de conducir al cliente de manera que se sienta realmente implicado y entendido.

La idea básica detrás de todo este proceso de recopilación de información es averiguar el proceso de decisión de su cliente y satisfacer todas las etapas del mismo. Las informaciones más relevantes para observar son:

- Acuerdo o desacuerdo en relación con el producto y en relación con lo que está diciendo

- La congruencia o incongruencia en las colaciones

- Necesidades y la importancia de las características del producto o de la venta en si

La detección de acuerdo y desacuerdo

La capacidad para detectar signos de acuerdo y desacuerdo es fundamental en una venta, así como en las reuniones y otras actividades. Es fácil saber si hubo o no acuerdo después de que el cliente se expresa verbalmente, pero en caso de desacuerdo, puede ser demasiado tarde para repararlo. Recuerde que queremos el sí todo el tiempo.

Lo ideal es anticiparse y darse cuenta de la intención de no estar de acuerdo o de acuerdo del cliente antes de que él lo exprese y, si es necesario, cambiar el curso de la exposición con el fin de obtener sólo el acuerdo.

Como estamos buscando anticiparnos, la única manera de conseguirlo es encontrar las señales no verbales que el cliente le proporciona después de cada declaración que hace.

A partir de ahora le invitamos a que, durante el proceso de venta, deje de perderse en sus pensamientos y abra los ojos, los oídos y los otros sentidos para identificar las pistas que su cliente le proporcionará y que servirán para guiarlo a un final feliz: la venta.

Señales corporales

Hay varias señales que pueden ser usadas para obtener información entre ellas nos vamos a detener en dos que, además de ser fácilmente observables, son las que mejor muestran la intención del cliente.

- Señales con la cabeza

Si tiene algo que aprendió desde la niñez es a mover la cabeza para afirmar o negar algo. Incluso antes de hablar ya nos enseñan cómo hacer esto, por lo que estos movimientos están muy arraigados en nuestro inconsciente y aparentemente a menudo de manera involuntaria. Así que este es el primer comportamiento no verbal en el que debemos fijarnos.

Por ejemplo: Si usted está hablando con su cliente y se da cuenta que está dando señales negativas con la cabeza a las afirmaciones que usted está haciendo entonces cámbielas urgentemente. No espere que él externe verbalmente su desacuerdo porque entonces usted tendrá un NO completo que requerirá mucha más energía y tiempo para superarlo.

Otra utilización de las señales con la cabeza es evitar la objeción.

Haga lo siguiente: Antes de cada afirmación comience de forma sutil a mover su cabeza hacia delante y hacia atrás (señal de acuerdo) y, si estuviera en rapport, la otra persona tendrá una tendencia a estar de acuerdo con lo que está hablando. Esta técnica es simple y poderosa y sólo dará resultado cuando el cliente ya tenga fuertes convicciones acerca de lo que usted está diciendo.

- Las expresiones faciales

Observar la cara del cliente es otra manera de entender lo que está pasando antes de hablar de cualquier cosa. Hay señales faciales bien definidas para la aprobación y desaprobación, por lo que su tarea es averiguar cómo la persona con quien usted se está comunicando expresa estas señales.

Las formas más comunes de manifestarse a través de la cara son: una sonrisa, las cejas hacia arriba o hacia abajo, el ceño fruncido o estirado, los ojos más abiertos o más cerrados. Ahora bien, es importante tener en cuenta que los estándares comunes a muchas personas simplemente no pueden funcionar con su cliente, por lo que es necesario hacer algunas preguntas con el fin de conocer el carácter de cada persona en particular.

La identificación de los patrones de expresión se hace a través de lo que llamamos calibrar. Calibrar nada más es hacer algunas declaraciones al cliente con las que usted tiene la certeza de que él está de acuerdo. Observe su rostro y luego inmediatamente repita las afirmaciones con las que no está de acuerdo.

Una forma fácil es averiguar qué equipo le gusta y decir, por ejemplo: ¡Esa última victoria fue un timo! Y observar su expresión. A continuación podría decir: Que buena la victoria de ayer. Y prestar atención a su rostro.

En este caso la diferencia de expresión será tremendamente fácil de hacerse notar.

Estamos seguros de que ajustando las afirmaciones a los equipos de su región usted descubrirá rápidamente como su expresión puede cambiar debido a una afirmación. Si no le gusta el fútbol descubra alimentos, deportes, libros o asuntos de su agrado y adapte las preguntas. Hecho esto quede atento al tipo de expresión facial de su cliente que mostrará a lo largo de la venta y podrá tener mucha más seguridad si está agradando o no.

La identificación de la congruencia y la incongruencia

Otra información que se transmite todo el tiempo pero es poco percibida conscientemente, es la congruencia y la incongruencia.

La congruencia sucede cuando la información verbal y no verbal son coherentes y se refuerzan, o sea cuando la persona actúa de acuerdo a lo que predica.

Identificar la congruencia durante la venta es crucial para saber si el cliente está realmente de acuerdo con usted, si todavía tiene algún tipo de objeción e incluso para saber si es un farol. Confiar sólo en lo que su cliente dice puede ser un error.

Una manera fácil de ver esto en la práctica es en las fiestas.

Al final de la fiesta, por lo general el anfitrión pregunta: - ¿Lo pasateis bien? La respuesta verbal políticamente correcta y más común es: - Sí fue genial, todo fue maravilloso. Ahora preste atención al movimiento de la cabeza de la persona que está respondiendo, percibirá si puede estar haciendo el movimiento típico de la negación, moviendo la cabeza hacia los lados. Pasando una información ambigua y de incongruencia. Preste atención en su próxima fiesta.

Algo que puede suceder, a pesar de ser menos común, es que las palabras expresen no, pero la cabeza diga sí.

Es decir, si la declaración verbal (contenido) y el movimiento de la cabeza se están contradiciendo puede estar seguro de que hay algún tipo de incongruencia.

Además del movimiento de la cabeza, las otras señales que son relevantes indicadores de incongruencia son la expresión facial y la manera cómo una frase es dicha. Hay otras, como la asimetría del cuerpo o los movimientos oculares, pero son más difíciles de ser percibidos sin formación específica.

La expresión facial puede funcionar de maravilla aquí.

Sabemos que hay una incongruencia cuando alguien dice algo alegre con cara triste, cuando dice que le gusta más de lo que su expresión muestra, cuando dice que todo es estupendo y su cara dice lo contrario.

Lo importante aquí es calibrar, conforme fue descrito anteriormente, y aprender a distinguir el significado de las expresiones faciales que el cliente expresa.

Empiece probando consigo mismo. Deje de leer por un momento y colóquese delante de un espejo. Piense en algo que usted compró y le gustó mucho, algo en lo que cada vez que usted piense es capaz de sentirse orgulloso. Vea su expresión en el espejo. Luego piense en algo que compró pero definitivamente no era lo que quería y se arrepintió profundamente. ¿Lo pensó? Entonces mírese en el espejo de nuevo.

¿Nota la diferencia? Su cliente estará dándole tales expresiones casi todo el tiempo. Si ellas coinciden con el contenido de lo que está diciendo puede confiar, de lo contrario puede y debe cuestionarlas.

La forma en que los clientes hablan, independientemente del contenido de lo que fue dicho, es otro indicador valido.

Todos nosotros sabemos que la forma en que una frase se pronuncia puede cambiar todo su significado. Lo que necesitamos saber es a lo que prestamos atención. Notar la diferencia entre decir "¡¡¡me gustó!!!" o decir "me gustó" es un buen comienzo.

Lo que importa es que podemos discernir un patrón en la manera de hablar que permite darse cuenta del grado de congruencia de la sentencia. Para esto debemos oír con atención la entonación de la sentencia. Dependiendo de cómo es la entonación con la que se hace la frase entera puede pasar de duda a afirmación.

Repita y pronuncie mentalmente estas frases:

¿Me gustó?

Me gustó.

¡¡¡ Me gustó !!!

¿Nota la diferencia en la pronunciación?

Cuando estamos hablando no tenemos forma de poner signos de puntuación, así que lo que hacemos es cambiar la entonación. Si la entonación de voz sube, siendo cada vez más aguda, estamos generando una duda como si fuera una pregunta. Si es constante o el tono baja, cada vez más grave, estamos afirmando certeza.

Por lo tanto para pasar conveniencia, una afirmación debe tener al menos una entonación constante y preferiblemente bajar el tono, si no hay una inconsistencia allí. Estos patrones de entonación se aprenden y se repiten desde que somos bebés, haciendo que se utilicen de forma casi inconsciente. Esto los hace muy fiables en la detección de incongruencia.

Qué hacer después de detectar inconsistencias

Para detectar una incongruencia lo único seguro que podemos tener es que la información verbal transmitida no es totalmente confiable.

En el caso de una venta esto significa que el cliente todavía tiene alguna duda o objeción de la que no le quiere hablar, lo mismo eé le esta escondiendo algo a propósito.

Ahora, ¿qué mensaje creer? ¿El contenido de la declaración o de las señales inconscientes? En caso de duda confíe en las informaciones inconscientes, por lo general son más sinceras y honestas.

Ahora este atento. El hecho de que a una persona diga que ha disfrutado de su fiesta y haga una señal negativa no significa que esta odiara totalmente el evento. Es posible que a ella no le gustaran algunos detalles, esto es lo más común. La verdad es que, normalmente, el verbal y el no verbal contienen algo de verdad, pero con restricciones.

Para suavizar la duda es una buena idea generar más preguntas con el fin de sentir hasta que punto aquella incongruencia es importante.

Cierta vez en un curso donde se trataba este aspecto, uno de los asistentes al final del evento comentó lo siguiente: Creo que esta es una de las mejores partes de la formación.

Sólo que sin previo aviso movió la cabeza negativamente. Así que el profesor decidió averiguar el porqué de aquel gesto y le dijo: Sí, es muy bueno e importante. Pero que es lo quiere decirme. A lo que respondió: No, nada, sólo pensaba que podríamos hacer más práctica. El profesor le indicó: Así que ¿si hubiéramos tenido más práctica esta sería la mejor parte? A lo que esta persona respondió: ¡Sin lugar a dudas!

Tras unas palabras, el profesor le habló de su movimiento de cabeza cuando hiciera la primera declaración (tenga en cuenta que las personas no se dan cuenta de su propia incongruencia) y ella quedó con una sonrisa reflejada en su rostro.

Otra historia interesante es la de un profesor que estaba dando una lección importante, resolviendo ejercicios que caerían en el examen del día siguiente y que tenía la atención de todos los estudiantes excepto de uno. Este estudiante estaba sentado en la primera fila y hacía muecas, que parecían de burla, todo el tiempo. El profesor estaba cada vez más enfadado con esta actitud hasta que finalmente explotó y gritó: - Ya está bien, mi paciencia tiene un límite. Si usted no está disfrutando de la clase salga al pasillo. Nadie está obligado a hacer lo que no quiere y menos aún de molestar a los demás. A lo que el estudiante respondió: Lo siento mucho si le di esa impresión pero estoy aguantando las ganas de ir al baño porque me interesa mucho esta parte y la explicación esta siendo muy interesante.

La moraleja de esto es la siguiente: Antes de dar algo por hecho, pregunte. Entonces tendrá información fiable. Cuando se descubre la objeción tiene la oportunidad de solucionarla, si no en esta venta, sin duda en la próxima.

Como ejercicio, le recomendamos empezar a prestar atención a la congruencia y a la incongruencia de toda persona con la que se cruce. Usted encontrará un mundo de oportunidades para ejercitarse. Las personas que demuestran incongruencia a menudo son aquellas que no transmite fiabilidad y, a menudo ni siquiera sabemos por qué. Ahora que ya lo sabe, utilice sus nuevos conocimientos y obtenga mejores resultados.

CONOCER LAS NECESIDADES DEL CLIENTE

Lo que el cliente necesita o quiere que sea satisfecho es una información transmitida durante la venta y que muchas veces no es percibida por el vendedor. En este capítulo, mencionamos el hecho de lo importante que es hacer una pregunta específica para obtener información. Sólo que a menudo el cliente facilita la información de una forma desorganizada, haciendo que tengamos que prestar atención a algunos patrones de lenguaje que utilizan.

Los operadores modales de necesidad y posibilidad

Los operadores modales de necesidad y posibilidad son las palabras o frases que se utilizan para describir el grado de necesidad o deseo de adquirir algo o de hacer algo. Repita las frases siguientes y mentalmente note las diferentes sensaciones que siente, tan sólo con el cambio de una palabra en cada una.

Quería comprar un perfume.

Me gustaría comprar un perfume.

Necesito comprar un perfume.

Tengo que comprar un perfume.

Podría comprar un perfume.

Debería comprar un perfume.

Puedo comprar un perfume.

Quiero comprar un perfume.

Deseo comprar un perfume.

Voy a comprar un perfume.

Cada una representa, en la realidad del cliente, un nivel diferente de la intención de compra. Saber percibir estas diferencias y estar atento a los operadores modales le permiten saber de antemano lo que está pasando en su cabeza.

Veamos algunos ejemplos:

Si un cliente viene y dice: "Tengo que tomar parte de su formación". El instructor responde: "Ha venido al lugar correcto". En este caso, basta con que algunos criterios como el precio, condiciones de pagos u horarios sean satisfechos para que se cierre el trato.

Ahora, si él viene y dice: "Me gustaría participar en su formación", sería bueno afrontar la conversación de manera diferente y decir: "Estupendo vamos a cumplimentar su matricula". Es en este punto cuando el cliente dará información sobre sus motivos para hacer el curso y las razones de porque aún no lo ha hecho. Por supuesto, algunos realmente se inscriben directamente con lo que se consume mucho menos tiempo.

Otro uso es en la definición de lo que es importante para su cliente en relación con los productos que vende. Si él dice que la crema hidratante que quiere comprar debe tener un olor agradable, es bueno cumplir con este criterio o puede arrepentirse.

Pero si la expresión utilizada es: quería una crema con olor agradable. En este caso, seguramente el olor no es tan importante como en el primero. A continuación, podría preguntar: ¿Qué es más importante para usted la hidratación que aportará a su piel o el olor? Por lo general el cliente en cuestión responde: Mientras hidrate mi cuerpo, incluso puede ser sin olor.

En este caso basta sólo con atender a los otros criterios para todavía lograr la satisfacción del cliente.

Un consejo con respecto a los operadores modales es que cualquiera de ellos expresado de forma incongruentemente merece ser cuestionado. Esto se hace usando rapport. Es decir, la repetición de la afirmación de su cliente utilizando el mismo operador y al poco tiempo liderando con una pregunta como: Esto no es tan importante, ¿verdad? U otra similar.

Lo más relevante en relación con esta cuestión es saber que debemos estar alerta a los operadores modales de necesidad y posibilidad, y utilizarlos para entender y satisfacer los intereses reales de nuestros clientes, a sabiendas de que los de mayor intensidad se deben cumplir y los de menor orden pueden ser fácilmente redirigidos.

CONCLUSIÓN

En este capítulo se detalló qué tipo de información es importante y cómo obtenerla. Se hizo hincapié en el hecho de que debemos conocer al cliente y sobre todo descubrir que necesita para sentirse satisfecho.

La obtención de información útil para el proceso de venta también fue detallada, haciendo hincapié en los patrones no verbales (como movimientos de la cabeza, las expresiones faciales y el tono de voz) que nos permiten detectar acuerdo y congruencia. También se destacaron algunos aspectos verbales, tales como los operadores modales.

Ahora que ya sabe cómo capturar esta información, es hora de empezar a usarla, porque muchas de ellas están siendo proporcionadas por su cliente prácticamente todo el tiempo.

CREAR EL ESTADO IDEAL DE COMPRA

"Humanizar es llegar más profundamente al corazón, al sentimiento de las personas, emocionarlas y hacer que ellas se identifiquen con el producto, el servicio" Roberto Menna Barreto

Crear el estado ideal de la compra es hacer que su cliente tenga un deseo profundo e intenso de comprar o adquirir algo. Este paso es fundamental antes de presentar el producto como explicaremos más adelante.

Usted puede pensar que esto es ser un manipulador y realmente lo es, pero como ya decía Aristóteles: "El objetivo principal de toda comunicación es la persuasión: el intento de conseguir que los demás abracen el punto de vista del que habla, escribe, expresa." Relacionando a Aristóteles con el rapport podríamos decir que el objetivo de toda comunicación es liderar.

En realidad usted comienza a formar el estado ideal de la compra desde la primera toma de contacto con el cliente, es decir, desde el momento en que llama su atención. Podría ser incluso antes, a través de catálogos o publicidad que despiertan el deseo de comprar.

Ahora, este momento especial que sucede antes de la exposición de lo que está vendiendo debería ser usado para crear, ampliar, aumentar, volverse más intenso el deseo y la voluntad de comprar.

PONERSE DEL LADO DEL CLIENTE

Para entender esto es interesante como nos sentimos como consumidores, lo que realmente somos, y empezar a pensar en algo que queríamos mucho, casi un sueño de consumo y que tuvimos la suerte de adquirir. Algo que todavía nos hace sentir feliz de haberlo comprado.

Puede ser un coche, un sistema de sonido, un libro, algo para uso personal como unos pantalones, un vestido o algo más simple pero que realmente quería y lo consiguió. ¿Tiene usted alguna experiencia de este tipo? ¿Quién no la tiene? Entonces párese un minuto y piense en ella.

Recuerda entonces la voluntad, el deseo que tenía de comprar ese producto tan especial. ¿Como pensaba en él? Tal vez incluso se imaginaba utilizándolo o tal vez cuando vio a alguien que lo estaba comprando llegó a tener un punto de envidia.

Puede que fuera así o no pero lo cierto es que era agradable soñar con él ¿no?

Y cuando finalmente lo compró, ¿cuál fue su sentimiento? Tal vez como un sueño hecho realidad, tal vez no algo tan especial, pero sin duda lo suficientemente bueno para que se sintiera feliz cada vez que ve o piensa en usar ese producto. Orgullo, esta puede ser la emoción adecuada para usted o ¿usted no se siente orgulloso de las buenas decisiones que tomó? Y esto fue sin duda una de las grandes compras que hizo. Tenga esto en cuenta.

Motivar al Cliente

¿Cómo crear el estado ideal de compra en el cliente? Simplemente, haciendo que él se sienta como usted cuando piensa en esa compra especial. Preferiblemente dejarlo con ganas de más, despertando los recuerdos que él tiene de otras situaciones similares que fueron muy buenas y agradables.

¿Cómo hacer esto? Si usted prestó atención a lo que se indicó cuando le dijimos que se pusiera en el lugar del cliente, entonces va por el buen camino. De lo contrario, todavía esta a tiempo de dar un paso atrás y darse cuenta de que ahí esta la estructura y la forma en cómo hacer esto. Es simple, si quiere decore lo que está escrito allí y utilícelo. Ahora bien, si quiere ser creativo la idea básica es hacer que su cliente recuerde un producto que él deseaba y compró; esto es muy importante porque tenemos muchas cosas que queremos pero no podemos comprar. Enseguida hágale recordar todas las sensaciones asociadas con ese producto en particular, recuerde que debe encontrar y utilizar el nombre del producto y pensar en lo bueno que fue haber adquirido el mismo. Que esto sea suficientemente real y profundo para él.

Desarrollando la habilidad para hacer esto usted tendrá a su cliente en el estado ideal para comprar y aumentará sus ventas de forma astronómica.

"La verdadera creatividad es crear una respuesta en alguien."
Ernest Dichter

¿Hay otras maneras? Sin duda, pero esta es el más eficaz, utilícela y compruebe por sí mismo los resultados.

¿Sólo esto? Sí, esta es una breve fase dentro del proceso. Cuanto más rápido se motiva al cliente a entrar en este estado más eficiente será. Preste atención a las señales de acuerdo, son buenos indicadores del estado del cliente. Otro consejo es fijarse en el estado de ánimo, pues con un buen rapport ese estado es asumido por la otra persona.

Una vez el cliente tiene la "necesidad de comprar algo" es el momento de presentar el producto.

PRESENTAR EL PRODUCTO

"Afirmo que la sustancia real de cualquier producto no es absolutamente el producto en cuanto forma, sino que es el pensamiento detrás de él." Walter Russell

La presentación del producto debe ser uno de los mejores momentos en el proceso de la venta directa. En este momento usted y su cliente ya deben estar en armonía perfecta y ambos con un intenso deseo de conocer algo interesante. De lo contrario, usted nunca sabrá el tipo de estado emocional del cliente asociado con el producto.

Algunos vendedores de este ramo van a zonas donde hay mucha gente, que ya portan varias bolsas llenas de ropa u otros productos. De esta manera se olvidan del rapport, de crear una buena relación, de prepararse para la venta y sobre todo de presentar el producto en el momento adecuado.

En tales casos, lo único que consiguen es llamar la atención y el desprecio de muchos de los compradores potenciales. Por supuesto, algunas personas pueden comprar pero aquí estamos hablando de cómo obtener resultados diferentes y vender a la mayor cantidad de gente posible.

Antes de presentar el producto, debe hacer los deberes, la preparación, y sólo entonces mostrar lo que debe ser el objeto de deseo del cliente.

Su objetivo aquí es hacer que el cliente conozca todas las ventajas, facilidades y características que hacen de su producto algo que le dejará muy satisfecho, o perderá mucho tiempo y se irá a casa con las manos vacías.

¿Cómo lograr esto? Usando lo que se expone a seguir. Al presentar el producto:

- Destacar valores positivos

- Asociar solamente buenos estados al producto, todo el tiempo

- Usar las taras de los productos similares en el mercado (opcional)

- Presentar el precio con convicción

Destacar valores positivos

Para empezar nos gustaría recordar que no hay ningún producto o servicio perfecto. Independientemente de lo que usted venda siempre podrá haber problemas y tendrá que aprender a vivir con ello. Ahora bien ¿quién sabe más de estos problemas el cliente o usted? Por supuesto que usted.

Este hecho a menudo puede hacer que la venta se pierda. Pues conociendo los problemas de la empresa y del producto propiamente dicho usted puede comenzar a valorarlo más de lo que las cualidades del mismo permiten, transmitiendo inseguridad y temor al cliente. Si el vendedor piensa mal del producto ¿que les dirá a los consumidores?

Esto puede parecer básico pero hay un número de vendedores que terminan haciendo propaganda negativa de sus productos y dificultan sus propios ingresos. ¿Piense si alguna vez ha hecho esto? Por lo tanto, a pesar de la existencia de problemas, al presentar el producto sólo debe alabar las buenas características, lo que realmente es bueno.

Recuerde que para ser sincero es preciso que crea en la buena calidad del producto de forma verdadera y total, como ya destacamos en varias ocasiones. Aquí vale la regla del cien por ciento: Usted debe centrar el cien por cien de su atención en aquello que realmente cree que es bueno, no importa si es el 1 o el 99 por ciento.

De esta manera usted será congruente y transmitirá a su cliente seguridad y fiabilidad. Ahora bien, si usted es de los vendedores que proclaman todos los problemas de su producto y su empresa CAMBIE YA. Trabaje con una empresa de más confianza y que tenga productos que le den seguridad o sino tenga siempre en mente lo que es positivo en aquello que usted vende.

Hay dos situaciones en las que resaltar los defectos es válido. Una es cuando usted está anticipando objeciones (que se verá en el capítulo siguiente) y el otro es cuando se da cuenta de que el producto no es apropiado para su cliente y decide que venderlo puede ser peor.

Los problemas ocurren, lo importante es resolverlos rápidamente. Hay estudios que indican que el 90 por ciento de los clientes que ponen una reclamación y son atendidos rápidamente acaban comprando de nuevo y finalmente se convierten en clientes fieles.

Piense en lo que esto significaría para su meta de ingresos mensuales.

En conclusión, haga una lista de todo lo que realmente le gusta y confía de su producto, de todo lo que pueda traer beneficios a sus clientes, de todo lo que pueda hacer que sea casi imprescindible para ellos y utilice esta lista como algo sagrado a seguir. Siempre valorar lo que es bueno y positivo. Deje lo que es negativo para sus competidores.

Asociar sólo estados positivos al producto

¿Ha visto un anuncio de cigarrillos que muestre a un hombre con problemas pulmonares a punto de morir? ¿Ha visto una publicidad de refrescos que muestre a alguien con problemas de diabetes o de gases? ¿Alguna vez ha visto un anuncio de un coche rápido estrellarse o causar accidentes debido a la alta velocidad a la que puede circular? La respuesta es obvia: no.

Toda publicidad tiene por objetivo asociar estados buenos al producto. Los cigarrillos muestran hombres valientes, libres y determinados. Aventura y formas especiales de ser, son también ampliamente explotados. Los anuncios de bebidas muestran gente guapa, felices de calmar su sed, de aliviar el calor. Los coches rápidos destacan el poder, la facilidad de hacer adelantamientos, la seguridad que representa y el estatus social de la conducción de un coche así. Situaciones eróticas, con hombres y mujeres atractivos, por lo general casi desnudos, se utilizan hasta en anuncios de relojes.

Esto se hace para crear una asociación entre el estado emocional positivo de la situación que se muestra, que no tiene porque tener ninguna relación con lo que se vende, y el producto. Usted no es un publicista pero al ser un agente de ventas directas debe actuar como uno, llevando a sus clientes a tener emociones positivas, mientras que están viendo, tocando o conociendo a su producto.

Así que no sólo debe hablar de las características de su producto, sino también inducir a las otras personas a viajar en su imaginación. Hacerlas pensar en lugares agradables, momentos especiales y buenos, recordar sentimientos como la pasión, el amor y la alegría son también grandes opciones.

En definitiva, hacer que la persona se sienta bien todo el rato. Otro factor importante es tener consciencia de lo que realmente vende. ¿Usted sabe lo que vende?

Quizás este pensando en zapados, lencería, programas informáticos o aviones. Sin embargo lo que realmente todos estamos vendiendo son emociones. Y aprender a vender cierta emoción cuando presenta su producto es fundamental.

Si usted piensa que vende ropa interior, está vendiendo sensualidad, comodidad, seguridad, o incluso una nueva relación. Piense en la importancia de esto.

Quién vende programas informáticos vende algo divertido, práctico, de ahorro de tiempo, que proporciona seguridad o fiabilidad, placer.

Incluso los que venden ollas para almacenar alimentos en realidad lo que venden es higiene, comodidad, organización, más tiempo para el ocio, salud y belleza.

Piense en cualquier producto y descubra qué emociones están detrás de él, descubra cual de ellas es la que su cliente quiere comprar y prácticamente tendrá la venta garantizada. Si usted hace esto, siempre será recordado de una manera positiva y su producto también se asociará con estas buenas emociones. Asociar situaciones desagradables como tragedias, miedos y tristezas sólo conducen al fracaso.

Piense en si mismo como alguien que está ahí para ayudar a una persona a sentirse mejor, para adquirir algo que va a ser muy bueno para ella y a estar orgulloso de ello. ¿A quién no le gusta comprar cosas buenas? Al hacerlo estará colaborando en hacer del mundo un lugar mejor y aún por encina ganará una buena comisión por ello.

Trabajo y placer, ¿acaso no es este el sueño de todos nosotros? Ser un buen vendedor también puede proporcionarle esto.

Utilice las fallas de los competidores

El uso de las fallas de los competidores durante la venta es un tema polémico. Algunos sienten que no son necesarias ni éticas, a otros les resulta indiferente y hay quienes piensan que es algo fundamental y basan toda su estrategia de ventas en esto.

Una estrategia de marketing global típico basado en los fallos concurrentes sucede en algunas compañías telefónicas. En algunos mercados sólo hay dos compañías que comparten el mercado de telefonía móvil. Hubo un caso en donde la campaña publicitaria de la empresa más joven en el mercado se basaba en los problemas de transmisión, tales como el ruido, silbidos y los cortes en los dispositivos de la otra compañía presente. Hasta la fecha nadie se quejó. Ahora, recuerde que: "La venta está ayudando a alguien a tomar una buena decisión." Richard Bandler

Y usted, agente de ventas, sabe que su producto es el mejor y el más útil para el cliente que el del competidor, ¿dejaría que su cliente comprara otro sin tan siquiera avisarle de los peligros? Si lo hace, no estaría realmente ayudando a tomar una buena decisión, además de perder su comisión, por supuesto.

Por lo tanto, ignorar los defectos de la competencia y dejar que el cliente cometa un error es un flaco favor tanto para usted como para él. Con esto todos salen perdiendo, incluyendo la competencia que pierde la oportunidad de mejorar su producto y sin duda tendrá pérdidas a largo plazo debido a este hecho.

Conocer los problemas de los competidores es parte de los conocimientos que debe tener del mercado en el que opera. Presentarlos al cliente siempre de manera sincera y con la intención de hacerle conocer realmente las opciones disponibles. Es parte de su tarea dar más calidad a este mercado. Esto aumenta la competitividad de las empresas y los beneficios para todos. Los que rechazan las críticas son aquellos que no aprenden de ellas y por lo tanto pierden la oportunidad de corregirse a sí mismos.

Como Michel Robert, reconocido consultor de negocios pone en su libro Estrategia: "Atacar las debilidades de los competidores sólo conduce a cambios marginales en el posicionamiento en el mercado. Sólo se pueden obtener ganancias significativas atacando el corazón de la estrategia de su competidor".

Así que puede estar tranquilo, utilizar las taras de los competidores es algo muy beneficioso para todos. Ahora bien, si su estilo es diferente, o se siente incómodo, mantenga su forma de hacer las cosas. La elección es suya, pero tenga en cuenta que si lo hace puede, obviamente, perder algunas ventas.

Presentando el precio con convicción

Para algunos vendedores esto es una cosa común, del día a día, pero para otros es la peor pesadilla de todo el proceso de venta. Estos últimos hacen de todo para detener el tiempo para proporcionar el precio. Tartamudean, se avergüenzan, imaginan al cliente que se queja o rechaza el valor previsto, en fin... están aterrorizados. Se puede decir que es una de las grandes "fobias" de los vendedores novatos o eventuales.

Razones que demuestran que este temor es infundado hay muchas. Pensando desde su punto de vista, es probable que usted quiera tener su trabajo valorado, alcanzar su meta financiera, complementar su presupuesto. La vergüenza es llegar a final de mes y darse cuenta de que vendió mucho menos de lo que fue posible por quedarse avergonzado al hablar del precio. A menos que quiera hacer filantropía y simplemente hacer felices a los demás permitiéndoles comprar sus productos sin ganar nada con ello.

En el lado del cliente, sabe que lo que está vendiendo tiene un valor y una vacilación notable o mostrar vergüenza puede hacerle pensar que el coste es alto. Obviamente él va a querer que el precio está relacionado con los beneficios que el producto le va a proporcionar, objetivos o subjetivos, por lo que su trabajo es conseguir que él conozca estos beneficios y sentir que es un intercambio que vale la pena. Después de todo ¿para que sirve el dinero sino para traernos satisfacción?

¿Recuerda la congruencia? También es importante por parte del vendedor. Su cliente detecta, a menudo sin saber cómo, si usted está creyendo en lo que está hablando. Piense que una pluma puede costar desde 50 céntimos a más de 5.000 euros, y qué es lo que hace: escribir.

Así que consejos básicos para superar este bloqueo son:

-    Crea que el precio es adecuado para el cliente. Sepa que aunque algo para usted pueda ser barato o caro para el cliente puede ser perfecto.
-    Crea que el precio es adecuado al producto, su calidad, sus características.
-    Mantenga los argumentos para sí y para el cliente, que confirmen las creencias anteriores.
-    Entrene estos argumentos en casa y con sus amigos sin compromiso. Esto le ayudará a ganar más confianza.
-    Hable sobre el precio de la forma más natural y casual, a menos que sea una oferta imperdible donde entonces debe ser sobrevalorado.

CONCLUSIÓN

En este capítulo se ha familiarizado con las formas y técnicas de cómo presentar su producto de forma positiva y eficaz. Úselas y compruébelo por si mismo. En el próximo capítulo será el tiempo de aprender a lidiar con las objeciones y darse cuenta de que un excelente vendedor puede incluso prescindir de ellas. Y por cierto ¿Cómo va su meta de ingresos? ¿Ya está totalmente comprometido con ella? ¿Has pensado en al menos tres formas diferentes de actuar (flexibilidad) para lograr su objetivo? ¿Todavía no? Entonces recuerde: *"El mejor momento para plantar un árbol fue hace 20 años, el segundo es ahora"*.

PREVERNIRSE CONTRA OBJECIONES

"La resistencia es el resultado de la falta de flexibilidad del comunicador." Richard Bandler

La mayoría de los vendedores tienen una verdadera fobia a las objeciones. Tienen dificultades para tratarlas, están indefensos y con frecuencia abandonan algo debido a pequeños comentarios negativos por parte del cliente.

Como ya se ha mencionado, es importante que crea en su producto, si no a la primera resistencia puede terminar renunciando a venderlo. En este caso usted compró la opinión del cliente, en lugar de vender el producto.

Tenemos que tener en cuenta que es muy difícil vender algo que no tenga un punto débil o insatisfactorio. Así que no importa lo bueno que sea lo que usted vende: las objeciones pueden ser planteadas. Pero esto no es importante. Lo importante es aprender de ellas y estudiar la manera de evitarlas en el futuro.

La realidad del cliente sólo es inmutable hasta que pueda influir y ampliar lo que él piensa. Aquí trabajamos con estudios de vendedores diferentes, aquellos a los que les gusta que surjan pegas, saben como solventarlas y en la mayoría de las ocasiones consiguen realizar la venta de una forma que prácticamente elimina la imposibilidad de algún contratiempo por el cliente.

¿Cómo lo hacen? Este es el aspecto que veremos en este capítulo.

ENCARANDO LAS OBJECIONES

A quién no le gusta conocer las objeciones nunca tendrá éxito en las ventas. Será sólo otro de esos vendedores mediocres que viven quejándose de su suerte.

Conseguir buenos resultados financieros es mucho más difícil si no está preparado para tratarlas adecuadamente. Ellas le permiten convertirse en un vendedor de alto rendimiento.

Seguramente usted puede aprender las objeciones de manera diferente de la habitual, que es vivir situaciones en las que ellas se presentAn. Puede tener contacto con ellas a través de un vendedor con experiencia o incluso de una formación específica, pero tenga en cuenta que podrían surgir nuevas y estas son las que le darán la oportunidad de destacar.

Usted puede pensar que es una locura disfrutar con las objeciones pero las objeciones son las alertas que advierten que algún problema debe ser resuelto para aumentar el rendimiento.

Ahora, si ya trabaja en ventas haga una lista de todas las objeciones que a menudo escucha de sus clientes. Deténgase un momento y escríbalas en un papel.

Si usted está comenzando a trabajar, o pensando en iniciarse en este segmento, trate de pensar en las pegas que pondría a los productos o servicios que usted planea vender, aquellas que reciben normalmente. Haga una lista lo más completa posible.

ANTICIPARSE A LAS OBJECIONES

Hay dos procedimientos básicos para que se convierta en un vendedor que no recibe objeciones. El primero es conocer los problemas de los que los clientes generalmente se quejan o pueden quejarse (lista de objeciones hecha anteriormente). El segundo es hablar de ellos antes de que su cliente los mencione con el fin de hacerlos parecer lo más insignificantes posible. Hacer esto correctamente elimina prácticamente la posibilidad de que las trabas dificulten la venta.

Como ya hemos dicho antes, esta es la única parte de la venta en la que debe presentar todos los problemas de sus productos pero siempre siguiendo la orientación anterior, es decir, que parezcan insignificantes de forma que el cliente se sienta inhibido para reclamar.

Al anticiparse a las objeciones, además de evitarlas, eliminamos el remordimiento de la compra, ya que alertamos al cliente de los posibles problemas, dejando la decisión en sus manos.

Ejemplos

La manera de anticiparse es crucial para el éxito de esta táctica y de cierta manera puede funcionar bien con un cliente y no tan bien con otro. Por lo tanto, siempre debemos ir perfeccionando nuestros avances para que sean adecuados para el mayor número posible de clientes.

Algunos ejemplos le ayudarán a entender el espíritu del proceso.

Uno de los más fantásticos ejemplos de como anticipar una objeción, en un sentido más amplio, es el que mencionamos a continuación.

Un ejecutivo se dirigía a una reunión a la que llegaba tarde cuando se detuvo en un semáforo en rojo. Delante de él, había un vehículo que debía tener algo más de quince años y que literalmente parecía que se iba a romper en cualquier momento. En el momento en el que el semáforo se puso en verde el hombre empezó a preocuparse al ver que el vehículo de delante no arrancaba.

¿Cuál es la reacción habitual ante esta situación? Empezar a tocar el claxon. Fue exactamente lo que él pensó (esta sería su forma de hacer una objeción a la conducta del conductor del otro coche), pero cuando iba a tocar la bocina leyó en una gran cinta pegada en la ventana trasera del vehículo: "SI TOCA EL CLAXON LO DEMANDO." Esto le hizo parase a pensar en lo que iba a hacer.

Quién creó este cartel debe ser un gran vendedor.

Otro ejemplo de anticipación contra objeciones es el de un hombre que encontró a su mujer en su cama con su jefe. Indignado mató al jefe y fue juzgado en un juicio con jurado por asesinato. Durante el juicio, el fiscal alabó los aspectos positivos del fallecido, él era un hombre prominente en la comunidad que ayudó mucho a sus empleados, que era bueno para todos, y así sucesivamente. Para sorpresa de todos, el abogado defensor en ningún momento refutó las declaraciones de su colega, hasta el momento de su discurso final en el que mencionó esto: "Estoy de acuerdo con todo lo que mi colega expuso Excelencia, el hombre era bueno, ayudó a mi cliente y todo lo demás. No obstante creo que todos los miembros de este jurado que fueron o podrían ser engañados por su pareja, y no les gusta la idea, deberían también condenar su acto".

El hombre fue absuelto del delito de homicidio por unanimidad, ¿Quién diría que le gusta ser engañado por su pareja?

También es interesante aquel cartel de un viejo local que tenía problemas con cheques sin fondos. El texto es el siguiente: "Confiamos en Dios, todos los demás deben pagar en efectivo."

Más volviendo al área de ventas, una inmobiliaria que solía recibir quejas por parte de sus clientes por la comisión que recibían, pues la consideraban elevada, realizó la siguiente anticipación. La de ellos fue comenzar a decir, antes de que el cliente reclamara, lo siguiente: La comisión de intermediación costará menos de lo que paga en un restaurante. Los clientes quedaban confundidos y recelosos ante esta afirmación y preguntaban: ¿Cómo es eso? A lo que respondían: A lo largo de su vida comerá o cenará cientos de veces y en cada ocasión deberá pagar la comisión. Ahora bien: ¿Cuántas viviendas comprará a lo largo de su vida? ¿Una? ¿Dos? ¿Lo entiende ahora?

El precio suele ser mencionado como una de las objeciones más importantes. Para tratar de ello vamos a presentar un par de historias que permiten replantearse esta creencia.

Hace un tiempo un joven estaba tomando clases de tenis, su deporte favorito, con uno de los mejores maestros de su ciudad que además era un gran amigo suyo. El monitor incluso había entrenado a jugadores profesionales. Cuando jugaba con sus compañeros habituales estos se daban cuenta de su progreso y le preguntaban por qué estaba mejorando tanto. Cuando respondía que estaba recibiendo clases de ese entrenador, todos afirmaban conocerlo e indicaban que era un gran entrenador pero que sus clases eran muy caras.

A partir de ese momento y con la intención de ayudar a su amigo a conseguir más clientes, cada vez que le preguntaban porque estaba jugando tan bien empezaba a decir que se estaba entrenado con un nuevo profesor y les preguntaba a sus compañeros cuanto tiempo llevaban ellos asistiendo a clases. Lo normal era que sus compañeros de juego indicaran que llevaban entrenando entre uno y dos años, algunos incluso más. En ese momento el decía: "Pues yo estoy entrenando con un amigo mío desde hace mucho menos tiempo, es cierto que el cobra más que el resto de entrenadores, pero en tres meses yo he aprendido muchísimo, así que vale la pena"

Otra gran anticipación es llegar al cliente y decir: sé que mi producto es más caro pero parece que le gustan las cosas de calidad, ¿no es así?

Siguiendo con el tema del precio recuerde: ¿Cuántas veces fue a comprar algo de un determinado valor, terminó gastando mucho más y aún así todavía estaba satisfecho de haber hecho la compra? Sin duda algunas.

Su cliente es como usted, el límite del precio que tiene puede ser sólo un desafío que hay que superar.

NUEVAS OBJECIONES

¿Y si hago todo esto y todavía surgen objeciones?

Obviamente, esto puede suceder, la cuestión aquí es averiguar lo que falta. Si la objeción es una que ya había anticipado es una señal de que su anticipación no fue efectiva para este cliente, así que preste mucha atención a lo que él le diga para mejorar su manera de anticiparse a esta en particular.

Ahora bien, si fuera una nueva objeción que aún no había recibido, aproveche y anótelo para poder crear una anticipación para ella y utilícela en la próxima venta.

Todavía hay un caso especial. ¿Y si la reclamación o queja está bien fundada? Es decir, el cliente tiene razón para quejarse. Bien nosotros partimos de la idea de que se trabaja con productos de confianza, por lo que pase la queja a su proveedor y exija soluciones. En cuanto al cliente en este caso sólo venda si realmente quiere comprar, incluso conociendo el problema.

LA VENTA A PESAR DE LA OBJECIÓN

En lo expuesto anteriormente tratamos de cómo solucionar el problema en la próxima venta, pero ¿Y la actual? ¿Vamos a perderla sólo porque hubo una objeción? No, si al menos estamos convencidos de que esta es nuestra mejor salida para mantener al cliente.

De hecho, normalmente, es posible hacerlo cambiar de opinión acerca de su queja, a pesar de ser más difícil que evitarlo.

¿Cómo hacer esto?

- Prestando atención al comportamiento no verbal de la otra persona.

- Buscando valores más altos que faciliten la aceptación

Comportamiento no verbal

Algunas veces la reclamación tiene otro propósito y la herramienta que tenemos para detectar esto es la de la observación de la congruencia.

Si la objeción no fuera colocada de forma congruente desconfíe de ella, puede ser sólo un artificio que encubre otra reclamación diferente o que quiere un descuento. Este tipo de objeción no vale la pena trabajarla ya que es una pérdida de tiempo porque no es real, sino un disfraz. Cabe descubrir lo que está detrás de ella.

Valores más altos

Ahora, cuando ella es realmente congruente es nuestra tarea descubrir los valores más altos que hacen a la persona comprar el producto, a pesar del problema y quedar satisfecha. Si no consigue esto entonces no venda.

Sea cual sea el problema trate de hablar con calidad, durabilidad, placer, envidia de lo que otros tendrán, éxito en lo que va a hacer, la confianza que va a proporcionar, la máxima comodidad, la oportunidad de tener algo bueno, lo que él va a perder si no lo compra o cualquier otro valor que pueda compensar la objeción. Recuerde todo lo que usted vende son sentimientos, averigüe cuál es el sentimiento que puede superar la objeción y tener éxito.

CONCLUSIÓN

Las objeciones son muy importantes, para evitar el remordimiento del comprador y aprender cómo neutralizarlas antes de que ocurran. Los remordimientos ante una compra sólo suceden cuando usted no anticipa o formula todas las objeciones.

Aprenda de ellas y haga una lista. En las próximas ventas anticípese a ellas por adelantado, hágalas parecer banales y desaparecerán.

Cuando surja alguna nueva, añádala a su lista y haga lo mejor para conseguir la venta utilizando los valores que pueden neutralizar la reclamación. Con la práctica, encontrará cada vez menos problemas de resistencia por parte de sus clientes. Lo que le llevará a aumentar sus tasas de ventas y tal vez incluso superar sus metas financieras.

Bien, dentro del proceso de ventas estamos llegando a la parte decisiva y mejor: el cierre.

Conclusión y Test de Futuro

"Cave en el sitio donde está enterrado el oro, a no ser que sólo esté haciendo ejercicio" John M. Capozzi

Todas las otras etapas que pasamos hasta aquí sólo tieneN un objetivo: llegar a la conclusión o cierre de la venta. Así que algunas de ellas posiblemente se pueden saltar. Lo importante es desarrollar la capacidad de detectar cuando el cliente ha comprado la idea y que la venta está prácticamente hecha. Este es un momento muy especial porque a partir de ahí el vendedor debe hablar lo menos posible, de lo contrario puede perder el negocio.

Cualquier momento es adecuado para concluir, a condición de que el cliente esté listo.

Cuanto más rápido pueda finalizar más eficiente será. Ahora bien no corra, vaya con calma, ya que si usted intenta concluir antes de tiempo el rapport con el cliente se ve comprometido, lo que dificulta su trabajo. Parafraseando un dicho: *Usted debe concluir lo antes posible pero no más rápido de lo que sea posible.*

Tenga la seguridad de que siguiendo los pasos adecuados conducirá al cliente naturalmente a un final feliz para ambos. Después de todo, aquí el cliente ya debería estar ansioso por comprar y usted con ganas de celebrar otra venta con éxito.

LA DETECCIÓN DE LA HORA DE CERRAR LA VENTA

Dicen que los persas, los más antiguos mercaderes del mundo, sabían exactamente cuando el cliente "compraba" por una dilatación de las pupilas que tiene lugar en el momento de la decisión, y que a partir de ahí eran irreductibles en precio y otras condiciones de negociación. Aprender a detectar ese momento es muy importante si quiere ahorrar tiempo y dinero yendo directamente al tesoro.

Hay muchas señales no verbales, como las que se utilizan para determinar la congruencia, incongruencia, sí y no, que pueden servir como indicadores para el cierre de la venta. Lo importante es estar conectado con ellas.

Ahora, algo a lo que hay que prestar atención en este momento es al tiempo verbal y a las presuposiciones implícitas utilizadas por el cliente al hablar de la compra. El tiempo verbal es algo que puede proporcionar un indicador de que, en la mente del cliente, la compra ya es algo cierto. Supuestos implícitos son aquellos valores que están implícitos en las declaraciones que él usa y permiten inducir sus intenciones.

Un ejemplo ilustrativo de esto es lo que ocurrió en un grupo de ventas de una empresa de cosméticos. En esta ocasión una de las coordinadoras de ventas había traído a un joven para asistir a la charla porque estaba interesada en que se convirtiese en un vendedor de su equipo debido a su potencial y experiencia como vendedor. Al final de la conferencia se inició el siguiente diálogo:

"¿Entonces se incorporará a nuestro equipo?" Y él dijo: "No lo sé todavía (moviendo la cabeza hacia adelante y hacia atrás). Al obtener el kit de las muestras se que tengo varios clientes a quienes les encantará. ¿Puedo tener a otras personas que vendiendo para mí?" Cuando la coordinadora dijo: "Ciertamente, aceptaremos una comisión para usted." Luego se despidió diciendo que se lo iba a pensar.

La coordinadora preocupada preguntó al ponente de la conferencia qué pensaba del joven, a lo que este respondió: "Él regresará porque ya compró la idea." Ella respondió recelosa: "¿Cómo lo sabe?" Así que este le dijo: "Mantenga la calma y recuerde lo que le digo. Al observar su respuesta he podido detectar varias cosas. Primero fue incongruente decir que no sabía si iba a vender y mover la cabeza para querer decir que sí. A continuación todo lo que expresó ponía de manifiesto que él ya se veía vendiendo y que la decisión de vender ya estaba tomada. Después el hizo una pregunta que sólo una persona que está pensando en hacer haría pero que si no fuese resuelta satisfactoriamente podría estropear su idea. En este punto su respuesta eliminó cualquier posible objeción. Apuesto a que el trabajará con usted." Ella lo miró con escepticismo y dijo: "¿En serio?"

Dos días después, el joven regresó, inició su trabajo como vendedor y configuró su equipo de ventas. La coordinadora aprendió una gran lección.

Ahora usted puede preguntarse cómo sabía él ponente de la conferencia que el joven ya se imaginada vendiendo. Es sencillo. Lea la respuesta que dió y observe cómo utilizó los verbos y las hipótesis que indican esto.

Al obtener el kit de las muestras... - indica que él se imagina a sí mismo haciendo la acción en su mente, sin duda.

Se que tengo varios clientes a quienes les encantará... – él ya se ha imaginado mostrando a algunos clientes los productos y que les iban a gustar, es decir, el considera que el producto es adecuado para los clientes.

¿Puedo tener a otras personas que vendiendo para mi?... - él se imagina pensando en otras personas para vender, ¿usted pensaría en ello si no le hubiera gustado la idea y no estuviera interesado en el potencial de las ventas?

Así que, como regla general, esté atento a los significados implícitos en aquello que el cliente dice, sobre todo a los verbos que indican que la decisión ya fue tomada y que él se imagina en el futuro usando lo que usted le está vendiendo. Cuando perciba que el cliente ha "comprado" hable lo menos posible, negocie lo mínimo y cierre la venta.

CONDUCIENDO A LA CONCLUSIÓN

Aunque a veces el cliente se anticipe y permita llegar a la conclusión rápidamente, no siempre sucede. A menudo, incluso después de llamar la atención, hacer rapport, reunir información, anticipar objeciones, crear el estado ideal de compra y presentar el producto, aún se da cuenta de que todavía falta algo para que la venta esté cerrada.

En este caso usted debe hacer preguntas que estén bien gestionadas y que permitan cerrar la venta lo más rápido posible. La pregunta más eficaz aquí es: ¿Qué hace falta para que usted se decida a comprar este producto? O ¿Qué tiene que pasar para que cerremos el trato?

Por lo general, después de una de estas preguntas, u otra equivalente que a usted se le ocurra, el cliente expresa su última resistencia u objeciones, que entonces podrán ser tratadas adecuadamente. Una vez cumplido todo esto y si aún así no quiere comprar, de gracias a Dios porque ciertamente él sería uno de los que espantan las cosas negativas para comprar.

Usted puede estar seguro de que la retirada es la excepción, lo normal es que la comisión termine en su bolsillo y comprobar si el realmente va a quedar satisfecho con la compra.

TRABAJO POSVENTA

El trabajo de posventa comienza durante la venta. Incluso si el cliente acepta todas las condiciones y está entusiasmado con la compra no puede correr el riesgo de que se arrepienta al día siguiente. Eso es algo bastante común, el cliente compra, se apasiona con el producto y cuando llega a casa recibe críticas, o se da cuenta de que gastó demasiado o percibe que falta alguna característica que él quería y entonces surge la decepción.

¿Cómo evitar esto? La técnica es la misma que la utilizada para el tratamiento de objeciones. Sabiendo que esto puede suceder al final de la venta debe anticiparse y tornar el futuro y probable rechazo tan trivial que esa persona termine estando satisfecha.

Podría actuar como aquel vendedor que en el momento de recibir el pago, dice: "Lo siento, pero creo que no le voy a vender este producto." Y el cliente contesta: "¿Cómo dice? Si ya lo compré." Y el vendedor añade: "No se lo voy a vender a menos que usted me asegure que esto es lo que quiere y cada vez que lo mire o lo utilice pensará que hizo la elección correcta. ¿Está seguro de esto?"

O como aquel que sabiendo que por lo general el esposo o un amigo hablará mal de la compra, hace el siguiente comentario: "Usted está comprando algo que le gusta y que es para su satisfacción y placer ¿no?" A lo que el cliente responde: "Así es." Por último, dice: "Entonces no deje que nadie le robe su satisfacción de ser dueño de este producto, porque sé que hay muchas personas que querrán desprestigiar este producto y hacernos perder los pequeños placeres que tenemos en la vida. Protéjase de esto."

Asegúrese de que el cliente quedará satisfecho y el futuro está garantizado.

CONSEGUIR NUEVAS REFERENCIAS

Después de esto puede pedirle al cliente que le indique a otras personas a las que les podrían interesar sus productos pues ellos se sentirán tan satisfechos como él. Esto disminuirá el tiempo en la prospección de nuevos clientes.

Y finalmente coja el dinero, o la solicitud y ya puede celebrar la venta... FELICIDADES.

Después de la Venta

"Nada termina cuando acaba."

Después de cerrar la venta, dos cosas deben haber sucedido. Usted está más cerca de su meta, sin importar el resultado, y tiene más trabajo que hacer. El propósito de la venta es el comienzo de otras actividades.

Tratar con los clientes

Como ya hemos indicado en varias ocasiones debe llevar un registro de las ventas, anotar la información encontrada importante sobre el cliente, anotar la fecha de la última visita y mantenerse en contacto con él periódicamente. Presentarle las novedades, preguntar si quedó satisfecho con la compra y los motivos por los que está o no satisfecho. Resolver rápidamente los problemas que surjan también es garantía de ganancias a largo plazo.

Organizarse

Otra actividad muy importante, que está directamente relacionada con su meta financiera, es mantener una organización financiera personal. Usted necesita saber al término de cada semana lo que vendió, cuales fueron sus ganancias y cuanto falta para alcanzar su meta.

¿Esta es una actividad difícil? NO, pero algo muy preocupante es que muchos vendedores no se preocupan de ello. Ahora piense en lo siguiente: ¿Aceptaría un pago por su trabajo sin ni siquiera comprobar si el importe pagado es correcto hasta el último céntimo? ¿Usted puede saber si está teniendo éxito sin saber cuánto ganó y cuánto gastó durante el proceso?

Pues así es como usted queda cuando pierde el control financiero. No sabe dónde está y por más que usted haya vendido, no sabe si va a lograr su objetivo, ya que no tiene forma de comprobarlo.

La organización financiera para los vendedores es mucho más simple que la de una empresa. Lo importante es que cada día anote en un libro o cuaderno todo lo que vende, el valor de cada producto, su comisión y los gastos del día relacionados con las ventas obviamente. Estos gastos incluyen billetes, material promocional que usted haya comprado, bloques de pedido o cualquier otro gasto hecho en función del proceso.

La fecha en que usted recibirá la comisión también es importante porque muchas ventas se hacen con la inclusión de plazos en el pago.

Anote esto y haga sus cálculos de cuánto está ganando, al menos semanalmente. Si tiene dificultades pida ayuda a un amigo o familiar que sea organizado, sea como fuere hágalo. Tan importante como la venta es saber cuánto se ha vendido y cuánto ganó, sino todo su compromiso con los resultados puede ir mal debido a una simple cuestión de organización.

Piense en una persona que puso en marcha un negocio para la venta de comida, tanto dulce como salada. Esta persona trabajó mucho, vendió bastante y creó una buena red de clientes solo que finalmente ella desistió sin llegar a saber nunca si el negocio había tenido éxito o no ya que al no tener un registro de sus ingresos y gastos no pudo asegurar de ningún modo como había ido el negocio.

Lo cierto es que puede ocurrir que sin una correcta organización se gane dinero sólo que nadie sabe cuanto.

Y usted ¿Quiere ganar algún dinero? ¿Quiere dejarlo? ¿O prefiere saber exactamente cuánto va a recibir por su trabajo a final de mes? Completando lo que se vió en el primer capítulo, podemos decir que: *"Para tener éxito en la venta directa defina claramente su metas financieras y cree formas de comprobar si usted esta alcanzado su objetivo".*

De esta manera usted puede seguir su rendimiento día a día, semana a semana y ajustar su trabajo para compensar los períodos de ventas más débiles. Otra posibilidad, si usted no está satisfecho con su rendimiento, es usar su flexibilidad para cambiar la forma de actuar, hacer un cambio en la forma de vender e incluso superar su meta de ingresos. Piense que usted solo sabrá lo que consiguió si calcula sus ganancias.

DESPUÉS DE LA VENTA

Manténgase en contacto con el cliente obtenido. Organícese. Busque directamente la próxima venta y trabaje para futuros logros.

Teniendo una meta, ya sabe a dónde esta yendo. Comprobando su desempeño, usted sabe si está en el camino correcto. Después de todo, la vida es un camino con una sola dirección: el futuro.

CONFIE EN LOGRAR SUS OBJEETIVOS

"Si hubiera sueños a la venta, ¿Cuál compraría usted?". Thomas Lovell Beodez

Al principio todo son sueños, no sólo los que se tienen en la noche sino sobre todo los que se tienen cuando se está despierto. Después estos sueños generan metas, que generan planes de acción, estrategias y finalmente crean la acción.

La acción cambia el mundo, sigue la estrategia, permite el cumplimiento de los planes y alcanzar las metas establecidas. Todo esto crea bienestar, sabiduría, el éxito. Y esto lleva a nuevos sueños, nuevas metas, probablemente mucho más audaces que las anteriores. Y el ciclo se repite.

Es en esta espiral de conquista que viven las personas que tienen éxito en lo que hacen, no importa si reciben cien dólares o diez mil al mes. Lo importante es que en su trabajo ponen su corazón.

Se comprometen con sus vidas y buscan sus resultados con flexibilidad y determinación.

Usted también puede tener éxito.

Confíe en su capacidad.

Confíe en que sus esfuerzos darán sus frutos.

Cambie la forma de actuar cuando sea necesario.

Esté preparado para cometer errores. ¿Quién no cometer errores cuando hace algo nuevo?

Sonría a los problemas que se presentan y siga adelante.

Muchas cosas se han abordado en este libro, algunas nuevas, otras quizás ya las supiera, lo importante es que ahora usted es diferente, usted sabe más de lo que sabía antes de leerlo y eso nunca lo perderá.

Tal vez, durante la lectura, es probable que se diera cuenta de que necesita cambios en su vida o en su forma de ser. Entonces reflexione acerca de ello.

CAMBIOS

Todos nosotros en algún momento de nuestras vidas hemos decidido cambiar. Algunos sufren y sufren y piensan que cambiar es sufrir, quedando resignados a sus limitaciones para el resto de sus vidas. Otros saben que el cambio es sólo una transición a un nuevo estado de la mente, a una nueva etapa.

Estos los consideran como una cascada, que hace que las rápidas aguas de un río se conviertan en espumas atronadoras, capaces de perforar las piedras más duras y luego ir en calma hacia su destino final que es el mar.

Y para aquellos que todavía piensan que el cambio es doloroso, duro, difícil, recuerde: El cambio es el estado natural del universo, todo cambia todo el tiempo. El sol que vemos hoy no es el mismo que ayer y será sin duda diferente a partir de mañana, e incluso aunque no queramos los cambios son diarios, imperceptibles.

Así que siga el ejemplo del sol, comience a cambiar ahora. Cambiará poco pero día a día. Sin cambiar más de lo necesario para que en el plazo que usted estableció los cambios tengan la fuerza suficiente para generar una explosión de armonía, llegando a usted y a todos a su alrededor, cambiando su universo y convirtiéndolo en una cascada que cambiará el río de su vida que le llevará a diferentes lugares en los que siempre quiso y se merece estar. Getúlio Barnasque

Establezca sus plazos, utilice este libro de la mejor manera posible, no se lo tome demasiado en serio, pero siga seriamente lo que fue enseñado. Los conocimientos aquí contenidos, aunque sencillos, son fruto de años de estudio y trabajo de las personas de éxito en esta área. Disfrute de todo lo que es bueno para usted y, sobre todo, de los resultados. Si le gustó, recomiéndelo a un amigo.

Y sobre todo diviértase.

Después de todo ¿Cuánto quiere ganar a final de mes?

ACERCA DEL AUTOR

Este libro ha sido escrito por Iván Torres Sánchez, Consultor de equipos de ventas desde el año 2008, después de tener más de 10 años de experiencia como jefe de equipos de ventas.

Espero que este libro le ayude a conseguir esas ventas que le catapultará al éxisto que usted ansía en su profesión.

Muchas Gracias

www.ingramcontent.com/pod-product-compliance
Lightning Source LLC
Chambersburg PA
CBHW070818180526
45168CB00002B/664